...릴 성장하는 **초등 자기개발서** 〝

ⓦ 완자

공부력

Ⓠ 왜 공부력을 키워야 할까요?

쓰기력

정확한 의사소통의 기본기이며 논리의 바탕

연필을 잡고 종이에 쓰는 것을 괴로워한다!
맞춤법을 몰라 정확한 쓰기를 못한다!
말은 잘하지만 조리 있게 쓰는 것이 어렵다!
그래서 글쓰기의 기본 규칙을 정확히 알고
써야 공부 능력이 향상됩니다.

어휘력

교과 내용 이해와 독해력의 기본 바탕

어휘를 몰라서 수학 문제를 못 푼다!
어휘를 몰라서 사회, 과학 내용 이해가 안 된다!
어휘를 몰라서 수업 내용을 따라가기 어렵다!
그래서 교과 내용 이해의 기본 바탕을
다지기 위해 어휘 학습을 해야 합니다.

독해력

모든 교과 실력 향상의 기본 바탕

글을 읽었지만 무슨 내용인지 모른다!
글을 읽고 이해하는 데 시간이 오래 걸린다!
읽어서 이해하는 공부 방식을 거부하려고 한다!
그래서 통합적 사고력의 바탕인 독해 공부로
교과 실력 향상의 기본기를 닦아야 합니다.

계산력

초등 수학의 핵심이자 기본 바탕

계산 과정의 실수가 잦다!
계산을 하긴 하는데 시간이 오래 걸린다!
계산은 하는데 계산 개념을 정확히 모른다!
그래서 계산 개념을 익히고 속도와 정확성을
높이기 위한 훈련을 통해 계산력을 키워야 합니다.

세상이 변해도
배움의 즐거움은
변함없도록

시대는 빠르게 변해도
배움의 즐거움은
변함없어야 하기에

어제의 비상은
남다른 교재부터
결이 다른 콘텐츠
전에 없던 교육 플랫폼까지

변함없는 혁신으로
교육 문화 환경의 새로운 전형을
실현해왔습니다.

비상은 오늘, 다시 한번
새로운 교육 문화 환경을 실현하기 위한
또 하나의 혁신을 시작합니다.

오늘의 내가 어제의 나를 초월하고
오늘의 교육이 어제의 교육을 초월하여
배움의 즐거움을 지속하는 혁신,

바로, 메타인지학습을.

상상을 실현하는 교육 문화 기업 비상

메타인지학습
초월을 뜻하는 meta와 생각을 뜻하는 인지가 결합된 메타인지는
자신이 알고 모르는 것을 스스로 구분하고 학습계획을 세우도록 하는
궁극의 학습 능력입니다. 비상의 메타인지학습은 메타인지를 키워주어
공부를 100% 내 것으로 만들도록 합니다.

완자 공부력

w 완자

공부력

초등 영어

영단어 4B

특징과 활용법

하루 4쪽 공부하기

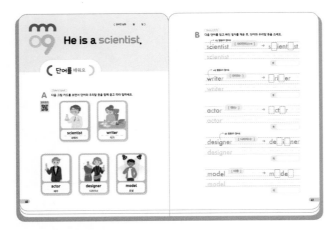

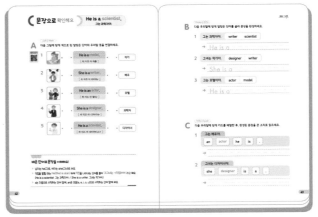

✳ 그림 카드와 함께 단어를 보고, 듣고,
따라 말하고, 쓰면서 배워요.

✳ 배운 단어를 문장에 적용해 보며
단어의 실제 쓰임새를 다시 한 번 익혀요.

✳ 철자와 우리말 발음을 색으로 연결하여 단어를 정확하게 익혀요.

예시 **designer** [디자이너r]

자음 : 빨강, 파랑, 초록	모음 : 보라	굴리는 r : 주황	묵음 : 회색

모음	a [애 / 에이]		e [에 / 이-]		i [이 / 아이]		o [아 / 오 / 오우]		u [어 / 유-]
자음	b [ㅂ]	c [ㅋ/ㅅ]	d [ㄷ]	f [ㅍ]	g [ㄱ/ㅈ]	h [ㅎ]	j [쥐]	k [ㅋ]	l [ㄹ]	m [ㅁ]
	n [ㄴ]	p [ㅍ]	q [ㅋ]	r [ㄹ]	s [ㅅ/ㅆ]	t [ㅌ]	v [ㅂ]	w [우]	x [ㅋㅅ]	y [이/아이]
	z [ㅈ]	ch [취]	sh [쉬]	th [ㅆ/ㄷ]	ph [ㅍ]	ng [응]				

↳ w, y는 자음이지만
모음으로 발음해요.

- ✅ 책으로 하루 4쪽 공부하며, 초등 영단어를 익혀요!
- ✅ 모바일앱으로 공부한 내용을 복습하고 몬스터를 잡아요!

공부한 내용 **확인하기**

모바일앱으로 복습하기

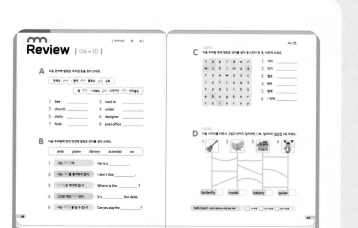

✻ 5일 동안 배운 단어를 재미있는 문제로 풀어보며 복습해요.

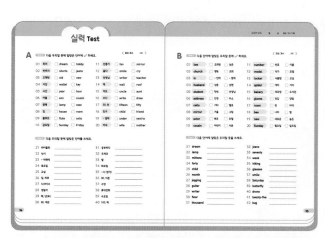

✻ 20일 동안 배운 단어를 단계별 문제로 풀어보며 자기의 실력을 확인해요.

앱 다운받기

책 인증하기

✻ 그날 배운 내용을 바로바로, 또는 주말에 모아서 복습하고, 다이아몬드 획득까지! 공부가 저절로 즐거워져요!

차례

완자 공부력
영단어 시리즈 단어 수

Start!

	3A 100단어	3B 101단어
누적 학습 단어 수 100단어		201단어

한 친구가
작은 습관을 만들었어요.

매일매일의 시간이 흘러
작은 습관은 큰 습관이 되었어요.

큰 습관이 지금은 그 친구를 이끌고
있어요. 매일매일의 좋은 습관은
우리를 좋은 곳으로 이끌어 줄 거예요.

**우리도
하루 4쪽 공부 습관!
스스로 공부하는 힘을
키워 볼까요?**

01

What is your name?

단어를 배워요

Listen & Speak

A 다음 그림 카드를 보면서 단어와 우리말 뜻을 함께 듣고 따라 말하세요.

단어 듣기

name

이름

hobby

취미

전화번호는 phone number라고
해요.

dream

꿈

address

주소

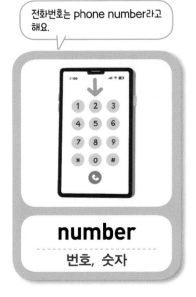

number

번호, 숫자

B 다음 단어를 읽고 빠진 철자를 채운 후, 단어와 우리말 뜻을 쓰세요.

name [네임] → n☐m☐

name

뜻

hobby [하비] → ☐obb☐

hobby

뜻

dream [드리임] → dr☐☐m

dream

뜻

address [애드레ㅆ] → ☐ddre☐☐

address

뜻

→ 혀를 굴려 모음에 이어서 발음해요.

number [넘버r] → n☐mbe☐

number

뜻

A 다음 색으로 된 단어에 알맞은 우리말 뜻을 골라 동그라미 하세요.

문장 듣기

1 What is your hobby?

[왈 이즈 유어r 하비]

이름
취미

2 What is your name?

[왈 이즈 유어r 네임]

번호
이름

3 What is your address?

[왈 이즈 유어r 애드레ㅆ]

주소
꿈

4 What is your dream?

[왈 이즈 유어r 드리임]

취미
꿈

5 What is your phone number?

[왈 이즈 유어r 포운 넘버r]

주소
번호

배운 단어로 문장을 이해해요!

> 의문사 what은 '무엇'인지 물어볼 때 써요.
> 상대방의 정보에 대해 물을 때는 What is your 뒤에 개인 정보나 관심사를 나타내는 단어를 붙여 '네 ~(정보·관심사)은 뭐니?'라고 해요. (What is your name? 네 이름이 뭐니?)

B 다음 그림과 우리말에 맞게 알맞은 단어를 골라 문장을 완성하세요.

| dream | name | number | hobby | address |

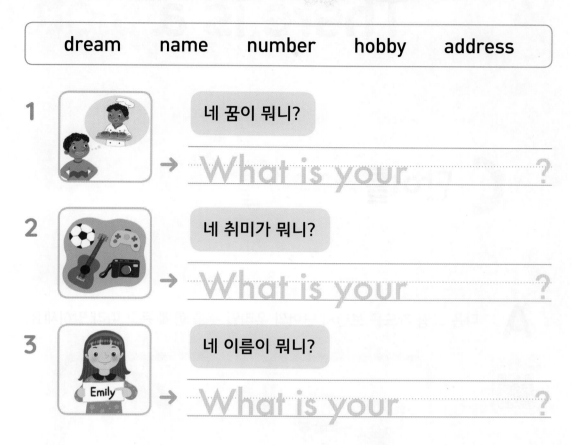

1 네 꿈이 뭐니?

→ What is your _____ ?

2 네 취미가 뭐니?

→ What is your _____ ?

3 네 이름이 뭐니?

→ What is your _____ ?

C 다음 우리말에 맞게 카드를 배열한 후, 완성된 문장을 큰 소리로 읽으세요.

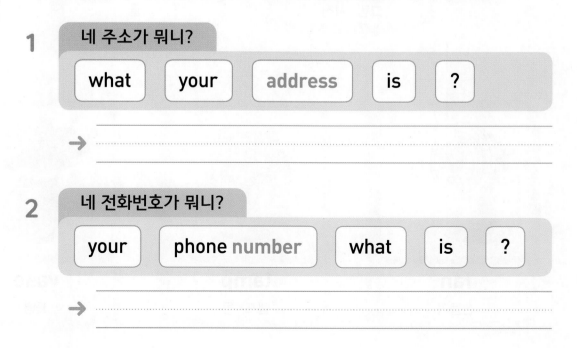

1 네 주소가 뭐니?

| what | your | address | is | ? |

→ _____

2 네 전화번호가 뭐니?

| your | phone number | what | is | ? |

→ _____

There is a picture.

단어를 배워요

Listen & Speak

A 다음 그림 카드를 보면서 단어와 우리말 뜻을 함께 듣고 따라 말하세요.

단어 듣기

picture

그림, 사진

mirror

거울

fan

선풍기

lamp

램프, 등

vase

꽃병

B 다음 단어를 읽고 빠진 철자를 채운 후, 단어와 우리말 뜻을 쓰세요.

picture   [필춰r]   →   pi☐☐ure

picture

뜻 ☐

mirror   [미러r]   →   mi☐☐or

mirror

뜻 ☐

fan   [팬]   →   ☐an

fan

뜻 ☐

lamp   [램ㅍ]   →   l☐m☐

lamp

뜻 ☐

vase   [베이쓰]   →   ☐a☐e

vase

뜻 ☐

문장으로 확인해요

There is a picture.
그림이 있어.

Look & Match

A 다음 그림에 맞게 색으로 된 알맞은 단어와 우리말 뜻을 연결하세요.

문장 듣기

1 • • There is a mirror.
[데어r 이즈 어 미러r] • • 그림

2 • • There is a vase.
[데어r 이즈 어 베이쓰] • • 거울

3 • • There is a picture.
[데어r 이즈 어 픽춰r] • • 꽃병

4 • • There is a fan.
[데어r 이즈 어 팬] • • 램프

5 • • There is a lamp.
[데어r 이즈 어 램ㅍ] • • 선풍기

배운 단어로 문장을 이해해요!

> there is ~는 '~이 있다'라는 뜻이에요.
> 물건 하나를 말할 때는 물건 앞에 a를 써요.
> '~(물건)이 있어.'라고 말할 때는 There is a 뒤에 물건을 나타내는 단어를 붙여 표현해요.
  (There is a picture. 그림이 있어.)

Choose & Write

B 다음 우리말에 맞게 알맞은 단어를 골라 문장을 완성하세요.

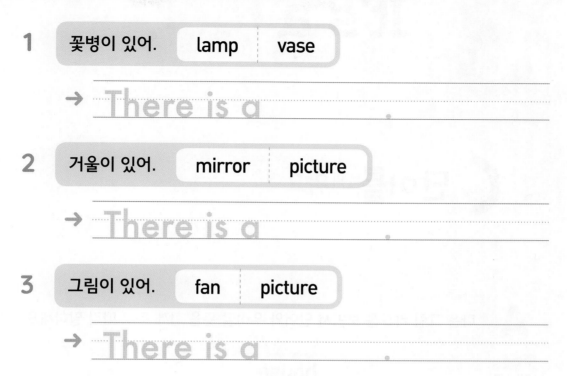

1 꽃병이 있어. | lamp | vase |

→ There is a _____ .

2 거울이 있어. | mirror | picture |

→ There is a _____ .

3 그림이 있어. | fan | picture |

→ There is a _____ .

Write & Speak

C 다음 우리말에 맞게 카드를 배열한 후, 완성된 문장을 큰 소리로 읽으세요.

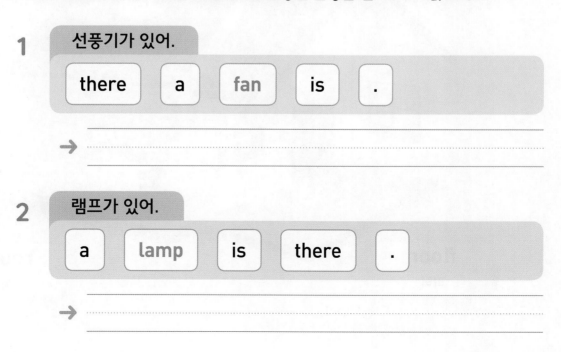

1 선풍기가 있어.

| there | a | fan | is | . |

→ _____

2 램프가 있어.

| a | lamp | is | there | . |

→ _____

03

It's a roof.

단어를 배워요

Listen & Speak

A 다음 그림 카드를 보면서 단어와 우리말 뜻을 함께 듣고 따라 말하세요.

단어 듣기

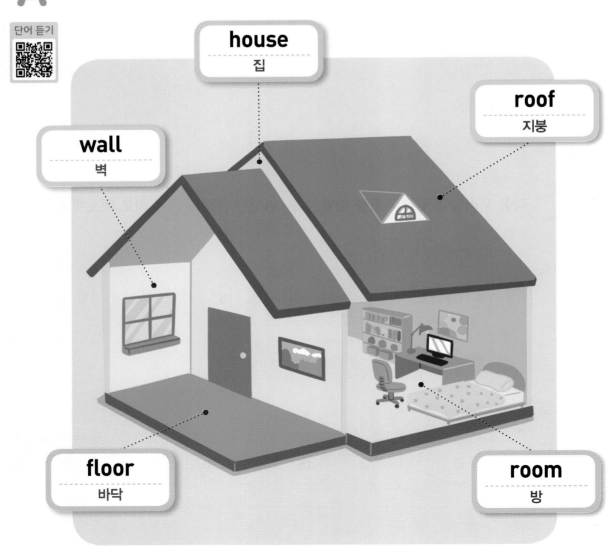

house
집

roof
지붕

wall
벽

floor
바닥

room
방

B 다음 단어를 읽고 빠진 철자를 채운 후, 단어와 우리말 뜻을 쓰세요.

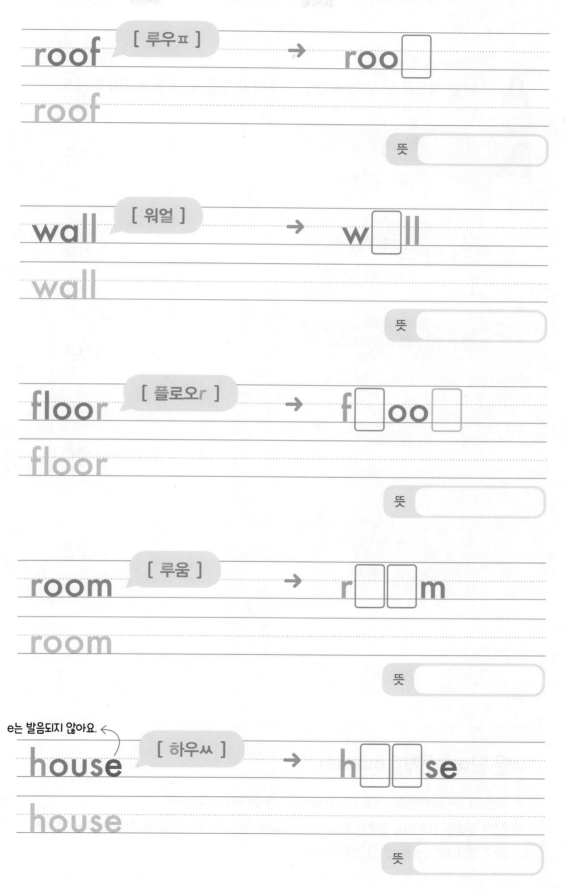

roof [루우ㅍ] → roo☐
roof
뜻 ☐

wall [워얼] → w☐ll
wall
뜻 ☐

floor [플로오r] → f☐oo☐
floor
뜻 ☐

room [루움] → r☐☐m
room
뜻 ☐

e는 발음되지 않아요.
house [하우ㅆ] → h☐☐se
house
뜻 ☐

Choose & Circle

A 다음 색으로 된 단어에 알맞은 우리말 뜻을 골라 동그라미 하세요.

문장 듣기

1 It's a house.
   [잍ㅅ 어 하우ㅆ] ········· 그것은 | 지붕 / 집 | 이야.

2 It's a room.
   [잍ㅅ 어 루움] ········· 그것은 | 방 / 바닥 | 이야.

3 It's a wall.
   [잍ㅅ 어 워얼] ········· 그것은 | 벽 / 방 | 이야.

4 It's a floor.
   [잍ㅅ 어 플로오r] ········· 그것은 | 집 / 바닥 | 이야.

5 It's a roof.
   [잍ㅅ 어 루우ㅍ] ········· 그것은 | 벽 / 지붕 | 이야.

배운 단어로 문장을 이해해요!

> It은 '그것'이라는 뜻을 나타내고, It's는 It is를 줄여서 쓴 말이에요.
> 집의 일부를 가리키며 설명할 때는 It's a 뒤에 집의 구조를 나타내는 단어를 붙여 '그것은 ~(집의 구조)야.' 라고 해요. (It's a roof. 그것은 지붕이야.)

B 다음 그림에 맞게 알맞은 단어를 골라 문장을 완성하세요.

room	floor	house	roof	wall

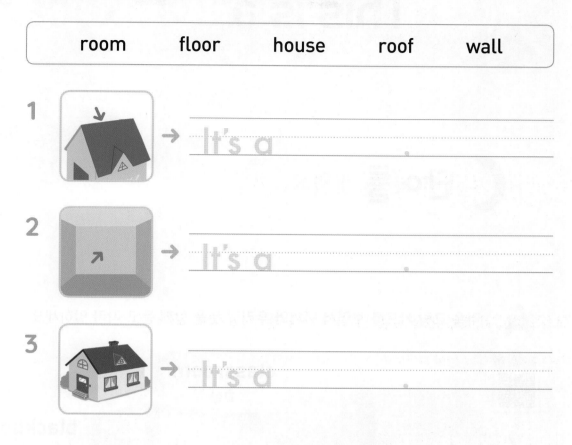

1 → It's a _____ .

2 → It's a _____ .

3 → It's a _____ .

C 다음 우리말에 맞게 카드를 배열한 후, 완성된 문장을 큰 소리로 읽으세요.

1 그것은 방이야.

| it's | room | a | . |

→ _____

2 그것은 바닥이야.

| a | floor | it's | . |

→ _____

This is a blackboard.

단어를 배워요

A 다음 그림 카드를 보면서 단어와 우리말 뜻을 함께 듣고 따라 말하세요.

단어 듣기

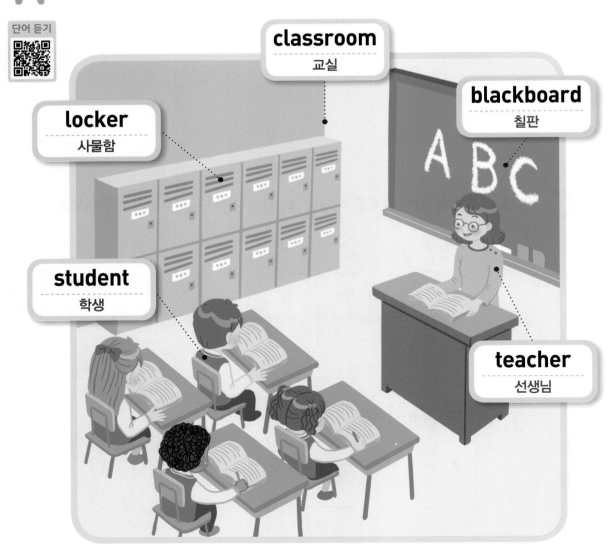

classroom
교실

blackboard
칠판

locker
사물함

student
학생

teacher
선생님

18

B 다음 단어를 읽고 빠진 철자를 채운 후, 단어와 우리말 뜻을 쓰세요.

[블랙보오r드]

blackboard → blackb□□rd

blackboard

뜻 [　　　　]

c는 발음되지 않아요.

[라커r]

locker → lock□□

locker

뜻 [　　　　]

[스튜우든ㅌ]

student → st□d□nt

student

뜻 [　　　　]

[티이춰r]

teacher → tea□□er

teacher

뜻 [　　　　]

[클래쓰루움]

classroom → cla□□room

classroom

뜻 [　　　　]

문장으로 확인해요

This is a blackboard.
이것은 칠판이야.

A 다음 그림에 맞게 색으로 된 알맞은 단어와 우리말 뜻을 연결하세요.

문장 듣기

1 • • **This is a student.**
[디ㅆ 이즈 어 스튜우든ㅌ] • 사물함

2 • • **This is a teacher.**
[디ㅆ 이즈 어 티이춰r] • 학생

3 • • **This is a blackboard.**
[디ㅆ 이즈 어 블랙보오r드] • 칠판

4 • • **This is a locker.**
[디ㅆ 이즈 어 라커r] • 교실

5 • • **This is a classroom.**
[디ㅆ 이즈 어 클래쓰루움] • 선생님

배운 단어로 문장을 이해해요!

▸ this는 사물을 가리킬 때는 '이것', 사람을 가리킬 때는 '이 사람, 이분', 장소를 가리킬 때는 '이곳'이라는 뜻을 나타내요.

▸ 가까운 사물이나 사람을 가리킬 때는 This is a 뒤에 사물·사람을 나타내는 단어를 붙여 '이것[이 사람]은 ~(사물·사람)이야.'라고 해요.
(This is a blackboard. 이것은 칠판이야. / This is a student. 이 사람은 학생이야.)

B 다음 우리말에 맞게 알맞은 단어를 골라 문장을 완성하세요.

1 이곳은 교실이야.   locker   classroom

→ This is a _____.

2 이 사람은 학생이야.   teacher   student

→ This is a _____.

3 이것은 사물함이야.   locker   blackboard

→ This is a _____.

C 다음 우리말에 맞게 카드를 배열한 후, 완성된 문장을 큰 소리로 읽으세요.

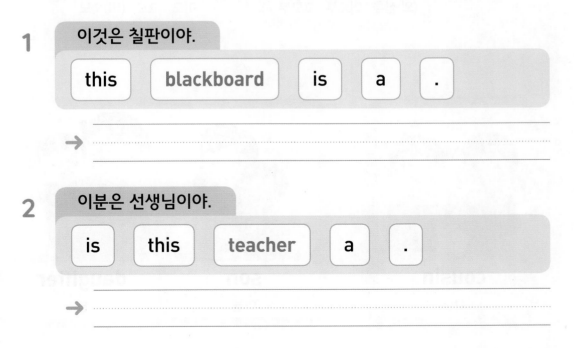

1 이것은 칠판이야.

this   blackboard   is   a   .

→ _____

2 이분은 선생님이야.

is   this   teacher   a   .

→ _____

He is my uncle.

Listen & Speak

A 다음 그림 카드를 보면서 단어와 우리말 뜻을 함께 듣고 따라 말하세요.

단어 듣기

uncle
(외)삼촌, 이모부, 고모부

aunt
이모, 고모, (외)숙모

cousin
사촌

son
아들

daughter
딸

B 다음 단어를 읽고 빠진 철자를 채운 후, 단어와 우리말 뜻을 쓰세요.

uncle [엉클] → u☐cl☐

uncle

뜻

→ u는 발음되지 않아요.

aunt [앤트] → ☐☐nt

aunt

뜻

→ i는 발음되지 않아요.

cousin [커즌] → ☐ous☐n

cousin

뜻

son [썬] → s☐n

son

뜻

→ gh는 발음되지 않고 t는 r 발음이 나요.

daughter [도오러r] → dau☐☐ter

daughter

뜻

문장으로 확인해요

He is my uncle.
그는 나의 삼촌이야.

Choose & Circle

A 다음 색으로 된 단어에 알맞은 우리말 뜻을 골라 동그라미 하세요.

문장 듣기

1 **He is my cousin.**
[히 이즈 마이 커즌]

이모부
사촌

2 **She is my aunt.**
[쉬 이즈 마이 앤트]

딸
이모

3 **He is my uncle.**
[히 이즈 마이 엉클]

삼촌
아들

4 **She is my daughter.**
[쉬 이즈 마이 도오러r]

고모
딸

5 **He is my son.**
[히 이즈 마이 썬]

사촌
아들

배운 단어로 문장을 이해해요!

> '그[그녀]는 나의 ~(가족)이야.'라고 가족을 소개할 때는 He[She] is my 뒤에 가족을 나타내는 단어를 붙여 표현해요. (He is my uncle. 그는 나의 삼촌이야. / She is my aunt. 그녀는 나의 이모야.)

> 성별에 따라 남자는 he(그)로, 여자는 she(그녀)로 쓰는 것에 주의하세요!

B

다음 그림과 우리말에 맞게 알맞은 단어를 골라 문장을 완성하세요.

cousin	uncle	son	aunt	daughter

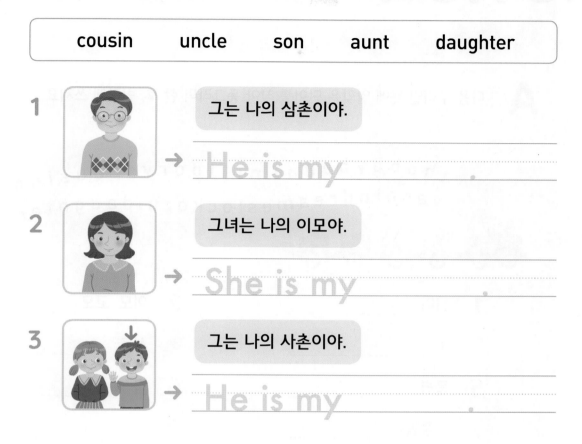

1 그는 나의 삼촌이야.

→ He is my _____ .

2 그녀는 나의 이모야.

→ She is my _____ .

3 그는 나의 사촌이야.

→ He is my _____ .

C

다음 우리말에 맞게 카드를 배열한 후, 완성된 문장을 큰 소리로 읽으세요.

1 그는 나의 아들이야.

he	son	is	my	.

→ _____

2 그녀는 나의 딸이야.

my	daughter	she	is	.

→ _____

Review |01-05|

A 다음 우리말 뜻에 알맞은 단어를 찾아 동그라미 한 후, 빈칸에 쓰세요.

thobbybauntmrfloorvscousino
vaselndreameslockeruidaughter

1 취미 _____

2 이모, 고모 _____

3 바닥 _____

4 사촌 _____

5 꽃병 _____

6 꿈 _____

7 사물함 _____

8 딸 _____

B 다음 영어 문장의 우리말 뜻이 맞으면 ○표, 틀리면 X표 하세요.

1 It's a roof. → 그것은 지붕이야. ········ ( )

2 This is a blackboard. → 이것은 칠판이야. ········ ( )

3 He is my uncle. → 그는 나의 삼촌이야. ········ ( )

4 What is your name? → 네 취미가 뭐니? ········ ( )

5 There is a picture. → 거울이 있어. ········ ( )

C

다음 그림에 맞게 알맞은 단어로 빈칸을 채워 퍼즐을 완성하세요.

Where is the library?

단어를 배워요

Listen & Speak

A 다음 그림 카드를 보면서 단어와 우리말 뜻을 함께 듣고 따라 말하세요.

단어 듣기

library
도서관

church
교회

bakery
제과점

post office
우체국

police station
경찰서

B 다음 단어를 읽고 빠진 철자를 채운 후, 단어와 우리말 뜻을 쓰세요.

[라이브레리]

library → l□b□ary

library

뜻

[춰어r취]

church → ch□□ch

church

뜻

[베이커리]

bakery → b□ker□

bakery

뜻

[포우스ㅌ 오-피ㅆ]

post office → p□st offi□e

post office

뜻

[펄리이ㅆ 스테이션]

police station → pol□ce sta□ion

police station

뜻

A

Choose & Circle

다음 색으로 된 단어에 알맞은 우리말 뜻을 골라 동그라미 하세요.

문장 듣기

1 Where is the bakery?

[웨어r 이즈 더 베이커리]

교회
제과점

2 Where is the library?

[웨어r 이즈 더 라이브레리]

도서관
우체국

3 Where is the church?

[웨어r 이즈 더 춰어r취]

교회
경찰서

4 Where is the post office?

[웨어r 이즈 더 포우스ㅌ 오-피ㅆ]

제과점
우체국

5 Where is the police station?

[웨어r 이즈 더 펄리이ㅆ 스테이션]

경찰서
도서관

배운 단어로 문장을 이해해요!

> 의문사 where은 '어디'인지 물어볼 때 써요.
> 건물의 위치를 물을 때는 Where is the 뒤에 건물을 나타내는 단어를 붙여 '~(건물)은 어디에 있니?'라고
해요. (Where is the library? 도서관은 어디에 있니?)

B Choose & Write

다음 그림과 우리말에 맞게 알맞은 단어를 골라 문장을 완성하세요.

| bakery | post office | library | church |

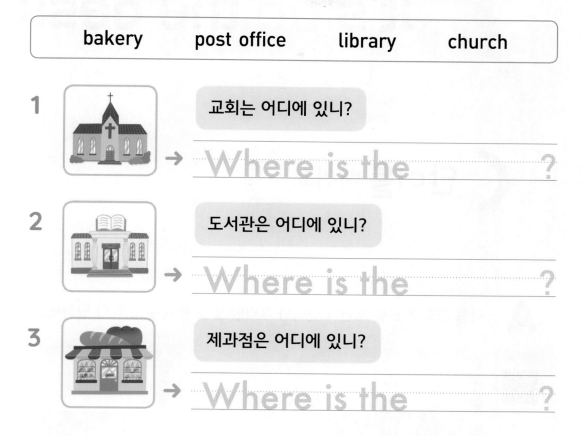

1 교회는 어디에 있니?
→ Where is the ?

2 도서관은 어디에 있니?
→ Where is the ?

3 제과점은 어디에 있니?
→ Where is the ?

C Write & Speak

다음 우리말에 맞게 카드를 배열한 후, 완성된 문장을 큰 소리로 읽으세요.

1 우체국은 어디에 있니?

| the | post office | where | is | ? |

→

2 경찰서는 어디에 있니?

| where | is | police station | the | ? |

→

 It's on the desk.

단어를 배워요

A 다음 그림 카드를 보면서 단어와 우리말 뜻을 함께 듣고 따라 말하세요.

단어 듣기

on
~ 위에

under
~ 아래에

in
~ 안에

next to
~ 옆에

B 다음 단어를 읽고 빠진 철자를 채운 후, 단어와 우리말 뜻을 쓰세요.

on [오온] → ☐n

on

뜻 ☐

under [언더r] → ☐n☐er

under

뜻 ☐

in [인] → ☐n

in

뜻 ☐

next to [넥스ㅌ 투] → ne☐t ☐o

next to

뜻 ☐

It's on the desk.
그것은 책상 위에 있어.

Look & Match

A 다음 그림에 맞게 색으로 된 알맞은 단어와 우리말 뜻을 연결하세요.

문장 듣기

1  • • **It's on the desk.**
[잍ㅅ 오온 더 데스ㅋ] • • ~ 안에

2  • • **It's in the bag.**
[잍ㅅ 인 더 백] • • ~ 위에

3  • • **It's under the desk.**
[잍ㅅ 언더r 더 데스ㅋ] • • ~ 옆에

4  • • **It's next to the bag.**
[잍ㅅ 넥스ㅌ 투 더 백] • • ~ 아래에

배운 단어로 문장을 이해해요!

> on, under, in, next to는 위치를 나타낼 때 쓰는 말로 전치사라고 해요. 전치사는 명사 앞에 써요.
> 사물의 위치를 말할 때는 <It's + 전치사 + the + 명사.>로 '그것은 ~ (위치)에 있어.'라고 표현해요.
  (It's on the desk. 그것은 책상 위에 있어.)
> 여기서 it은 '그것'이라는 뜻으로 구체적인 사물을 대신해서 쓰였어요.
> 이 표현은 사물의 위치를 묻는 Where is it?(그것은 어디에 있니?)에 대한 대답으로 쓰여요.

B 다음 우리말에 맞게 알맞은 단어를 골라 문장을 완성하세요.

1 그것은 책상 아래에 있어. | under | in |

→ It's _____ the desk.

2 그것은 가방 안에 있어. | next to | in |

→ It's _____ the bag.

3 그것은 책상 위에 있어. | on | under |

→ It's _____ the desk.

C 다음 우리말에 맞게 카드를 배열한 후, 완성된 문장을 큰 소리로 읽으세요.

1 그것은 가방 옆에 있어.

| the | bag | it's | next to | . |

→ _____

2 그것은 책상 위에 있어.

| it's | desk | on | the | . |

→ _____

I don't like ants.

단어를 배워요

Listen & Speak

A 다음 그림 카드를 보면서 단어와 우리말 뜻을 함께 듣고 따라 말하세요.

단어 듣기

ant

개미

bee

벌

spider

거미

butterfly

나비

bug

벌레, 작은 곤충

B 다음 단어를 읽고 빠진 철자를 채운 후, 단어와 우리말 뜻을 쓰세요.

ant [앤트] → ☐nt

ant

뜻

bee [비이] → b☐☐

bee

뜻

spider [스파이더r] → s☐i☐er

spider

뜻

t는 r 발음이 나요.

butterfly [버러r플라이] → bu☐☐erfly

butterfly

뜻

bug [버그] → bu☐

bug

뜻

37

Choose & Circle

A 다음 색으로 된 단어에 알맞은 우리말 뜻을 골라 동그라미 하세요.

문장 듣기

1 I don't like ants.
[아이 도운ㅌ 라이크 앤츠]
········ 나는 [개미 / 거미] 를 좋아하지 않아.

2 I don't like bees.
[아이 도운ㅌ 라이크 비이즈]
········ 나는 [벌레 / 벌] 을[를] 좋아하지 않아.

3 I don't like spiders.
[아이 도운ㅌ 라이크 스파이더*r*즈]
········ 나는 [거미 / 나비] 를 좋아하지 않아.

4 I don't like bugs.
[아이 도운ㅌ 라이크 버그즈]
········ 나는 [개미 / 벌레] 를 좋아하지 않아.

5 I don't like butterflies.
[아이 도운ㅌ 라이크 버러*r*플라이즈]
········ 나는 [벌 / 나비] 을[를] 좋아하지 않아.

배운 단어로 문장을 이해해요!

▶ 동사(like) 앞에 don't[do not]를 붙이면 '~하지 않다'라는 부정의 뜻을 나타내요.

▶ '나는 ~(곤충)을 좋아하지 않아.'라고 싫어하는 곤충을 말할 때는 I don't like 뒤에 곤충을 나타내는 단어의 복수형을 붙여 표현해요. (I don't like ants. 나는 개미를 좋아하지 않아.)

▶ 이때는 일반적인 곤충을 통틀어 말하기 때문에 단어 끝에 -s를 붙여 복수형으로 써요.

B 다음 그림에 맞게 알맞은 단어를 골라 문장을 완성하세요.

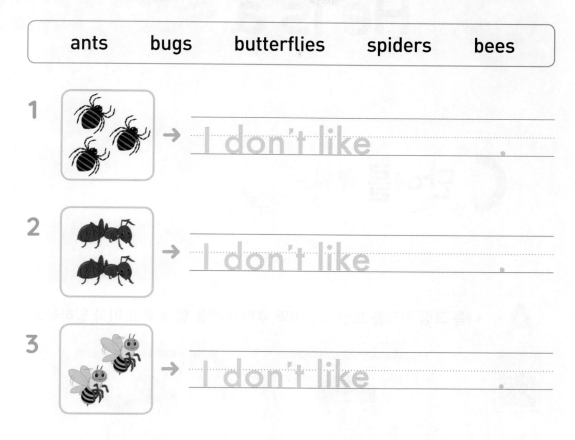

ants   bugs   butterflies   spiders   bees

1 → I don't like   .

2 → I don't like   .

3 → I don't like   .

Write & Speak

C 다음 우리말에 맞게 카드를 배열한 후, 완성된 문장을 큰 소리로 읽으세요.

1 나는 벌레를 좋아하지 않아.

I   bugs   don't   like   .

→

2 나는 나비를 좋아하지 않아.

like   I   butterflies   don't   .

→

39

He is a scientist.

단어를 배워요

A 다음 그림 카드를 보면서 단어와 우리말 뜻을 함께 듣고 따라 말하세요.

단어 듣기

scientist
과학자

writer
작가

actor
배우

designer
디자이너

model
모델

B 다음 단어를 읽고 빠진 철자를 채운 후, 단어와 우리말 뜻을 쓰세요.

c는 발음되지 않아요.

scientist　[싸이언티스트]　→　s◻ient◻st

scientist

뜻 ◻

w는 발음되지 않아요.

writer　[라이러r]　→　◻ri◻er

writer

뜻 ◻

actor　[액터r]　→　◻ct◻r

actor

뜻 ◻

g는 발음되지 않아요.

designer　[디자이너r]　→　de◻i◻ner

designer

뜻 ◻

model　[마들]　→　m◻de◻

model

뜻 ◻

문장으로 확인해요

He is a scientist.
그는 과학자야.

A 다음 그림에 맞게 색으로 된 알맞은 단어와 우리말 뜻을 연결하세요.

문장 듣기

1

He is a model.
[히 이즈 어 마들]

작가

2

She is a writer.
[쉬 이즈 어 라이러r]

배우

3

He is an actor.
[히 이즈 언 액터r]

모델

4

She is a designer.
[쉬 이즈 어 디자이너r]

과학자

5

He is a scientist.
[히 이즈 어 싸이언티스ㅌ]

디자이너

배운 단어로 문장을 이해해요!

> 남자는 he(그)로, 여자는 she(그녀)로 써요.

> 직업을 말할 때는 He[She] is a[an] 뒤에 직업을 나타내는 단어를 붙여 '그[그녀]는 ~(직업)이야.'라고 해요.
(He is a scientist. 그는 과학자야. / She is a writer. 그녀는 작가야.)

> a는 자음으로 시작하는 단어 앞에, an은 모음(a, e, i, o, u)으로 시작하는 단어 앞에 써요.

B

Choose & Write

다음 우리말에 맞게 알맞은 단어를 골라 문장을 완성하세요.

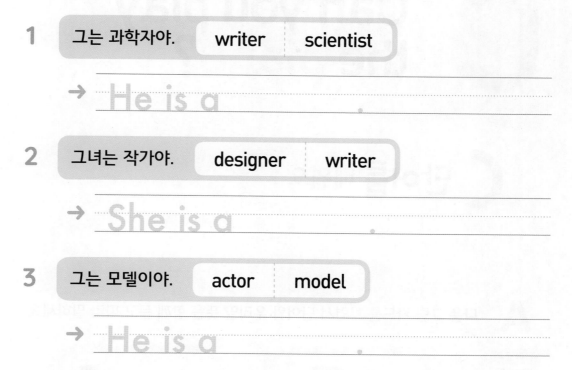

1 그는 과학자야.   writer | scientist

→ He is a   .

2 그녀는 작가야.   designer | writer

→ She is a   .

3 그는 모델이야.   actor | model

→ He is a   .

C

Write & Speak

다음 우리말에 맞게 카드를 배열한 후, 완성된 문장을 큰 소리로 읽으세요.

1 그는 배우야.

an | actor | he | is | .

→

2 그녀는 디자이너야.

she | designer | is | a | .

→

10 Can you play the piano?

단어를 배워요

A 다음 그림 카드를 보면서 단어와 우리말 뜻을 함께 듣고 따라 말하세요.

단어 듣기

piano
피아노

guitar
기타

violin
바이올린

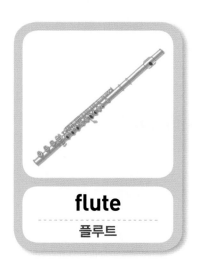

flute
플루트

cello
첼로

B 다음 단어를 읽고 빠진 철자를 채운 후, 단어와 우리말 뜻을 쓰세요.

piano   [피애노우]   →   pi☐n☐

piano

뜻 ☐

guitar   [기타아r]   →   g☐☐tar

guitar

뜻 ☐

violin   [바이얼린]   →   ☐io☐in

violin

뜻 ☐

flute   [플루우트]   →   ☐lut☐

flute

뜻 ☐

cello   [첼로우]   →   ☐☐llo

cello

뜻 ☐

C 문장으로 확인해요

Can you play the piano?
너는 피아노를 칠 수 있니?

Choose & Circle

A 다음 색으로 된 단어에 알맞은 우리말 뜻을 골라 동그라미 하세요.

문장 듣기

1 Can you play the guitar?

[캔 유 플레이 더 기타아r]

피아노

기타

2 Can you play the piano?

[캔 유 플레이 더 피애노우]

바이올린

피아노

3 Can you play the flute?

[캔 유 플레이 더 플루우트]

플루트

기타

4 Can you play the violin?

[캔 유 플레이 더 바이얼린]

첼로

바이올린

5 Can you play the cello?

[캔 유 플레이 더 첼로우]

플루트

첼로

배운 단어로 문장을 이해해요!

> play는 '(악기를) 연주하다'라는 뜻을 나타내요.

> Can you ~?는 '너는 ~할 수 있니?'라는 뜻으로 능력을 물을 때 써요.

> '너는 ~(악기)을 연주할 수 있니?'라고 물을 때는 Can you play the 뒤에 악기를 나타내는 단어를 붙여 표현해요. (Can you play the piano? 너는 피아노를 칠 수 있니?)

> 연주하는 악기 앞에는 꼭 the를 써야 해요.

B Choose & Write

다음 그림과 우리말에 맞게 알맞은 단어를 골라 문장을 완성하세요.

violin	cello	piano	flute	guitar

1 너는 바이올린을 켤 수 있니?

→ Can you play the   ?

2 너는 피아노를 칠 수 있니?

→ Can you play the   ?

3 너는 기타를 칠 수 있니?

→ Can you play the   ?

C Write & Speak

다음 우리말에 맞게 카드를 배열한 후, 완성된 문장을 큰 소리로 읽으세요.

1 너는 플루트를 불 수 있니?

the	flute	play	?

→ Can you

2 너는 첼로를 켤 수 있니?

you	can	the	cello	play	?

→

Review | 06 - 10 |

A 다음 단어에 알맞은 우리말 뜻을 찾아 쓰세요.

| 우체국 | ~ 옆에 | 플루트 | 교회 |

| 벌 | ~ 아래에 | 디자이너 | 바이올린 |

1 bee _____

2 next to _____

3 church _____

4 under _____

5 violin _____

6 designer _____

7 flute _____

8 post office _____

B 다음 우리말에 맞게 빈칸에 알맞은 단어를 찾아 쓰세요.

| ants | piano | library | scientist | on |

1 그는 과학자야. ▷ He is a _____.

2 나는 개미를 좋아하지 않아. ▷ I don't like _____.

3 도서관은 어디에 있니? ▷ Where is the _____?

4 그것은 책상 위에 있어. ▷ It's _____ the desk.

5 너는 피아노를 칠 수 있니? ▷ Can you play the _____?

정답 115쪽

Let's Play

C 다음 우리말 뜻에 알맞은 단어를 찾아 동그라미 한 후, 빈칸에 쓰세요.

t	s	p	i	d	e	r
w	c	b	l	m	q	a
r	u	e	w	x	z	c
i	x	f	l	s	q	t
t	y	d	c	l	h	o
e	b	u	g	k	o	r
r	z	i	n	r	v	y

1 거미 _____

2 작가 _____

3 첼로 _____

4 배우 _____

5 벌레 _____

6 ~ 안에 _____

Let's Play

D 다음 사다리를 타면서 그림과 단어가 일치하면 ○표, 일치하지 <u>않으면</u> X표 하세요.

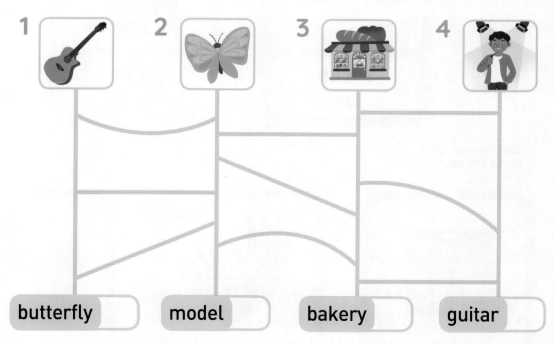

1   2   3   4

butterfly   model   bakery   guitar

11
How much are the socks?

단어를 배워요

Listen & Speak

A 다음 그림 카드를 보면서 단어와 우리말 뜻을 함께 듣고 따라 말하세요.

단어 듣기

socks
양말

jeans
청바지

두 개가 짝을 이루는 것은 항상 복수형으로 써요.

shorts
반바지

gloves
장갑

mittens
벙어리장갑

B 다음 단어를 읽고 빠진 철자를 채운 후, 단어와 우리말 뜻을 쓰세요.

socks [쌕스] → so☐☐s

socks

뜻

jeans [쥐인즈] → ☐ea☐s

jeans

뜻

shorts [쇼오r츠] → sh☐☐ts

shorts

뜻

gloves [글러브즈] → ☐lo☐es

gloves

뜻

mittens [미튼즈] → mi☐☐ens

mittens

뜻

Look & Match

A 다음 그림에 맞게 색으로 된 알맞은 단어와 우리말 뜻을 연결하세요.

문장 듣기

1 · **How much are the socks?**

[하우 머취 아-r 더 싹스] · 장갑

2 · **How much are the gloves?**

[하우 머취 아-r 더 글러브즈] · 양말

3 · **How much are the jeans?**

[하우 머취 아-r 더 쥐인즈] · 반바지

4 · **How much are the shorts?**

[하우 머취 아-r 더 쇼오r츠] · 청바지

5 · **How much are the mittens?**

[하우 머취 아-r 더 미튼즈] · 벙어리 장갑

배운 단어로 문장을 이해해요!

> 일반적으로 가격을 물을 때는 How much is it?(그것은 얼마니?)이라고 해요.

> 물건 한 쌍의 가격을 물을 때는 How much are the 뒤에 물건 한 쌍을 나타내는 단어를 붙여 '~(물건 한 쌍)은 얼마니?'라고 해요. (How much are the socks? 그 양말은 얼마니?)

> 구체적인 대상을 가리킬 때는 단어 앞에 '그'라는 뜻의 the를 붙여요.

B 다음 우리말에 맞게 알맞은 단어를 골라 문장을 완성하세요.

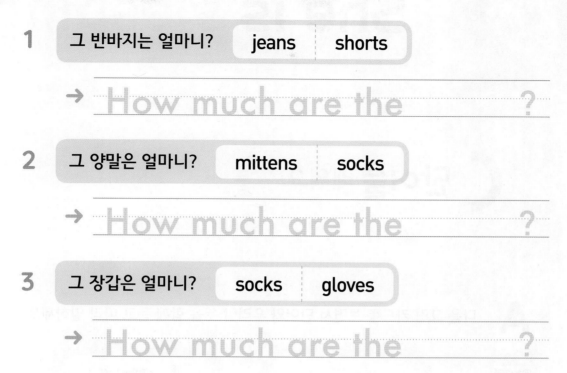

1   그 반바지는 얼마니?   jeans | shorts

→ How much are the _____ ?

2   그 양말은 얼마니?   mittens | socks

→ How much are the _____ ?

3   그 장갑은 얼마니?   socks | gloves

→ How much are the _____ ?

C 다음 우리말에 맞게 카드를 배열한 후, 완성된 문장을 큰 소리로 읽으세요.

1   그 벙어리장갑은 얼마니?

the | mittens | are | ?

→ How much _____

2   그 청바지는 얼마니?

are | the | jeans | how | much | ?

→ _____

53

12 She is sleeping.

단어를 배워요

A 다음 그림 카드를 보면서 단어와 우리말 뜻을 함께 듣고 따라 말하세요.

단어 듣기

sleep
(잠을) 자다

study
공부하다

cry
울다

smile
웃다, 미소 짓다

write
쓰다

54

B 다음 단어를 읽고 빠진 철자를 채운 후, 단어와 우리말 뜻을 쓰세요.

sleep [슬리잎] → sl□□p

sleep

뜻 _____

study [스터디] → s□u□y

study

뜻 _____

cry [크라이] → □ry

cry

뜻 _____

smile [스마일] → smi□□

smile

뜻 _____

write [라이트] → □r□te

write

뜻 _____

A Choose & Circle

다음 색으로 된 단어에 알맞은 우리말 뜻을 골라 동그라미 하세요.

문장 듣기

1 She is **crying**.
[쉬 이즈 크라잉] .... 그녀는 | 쓰고 / 울고 | 있어.

2 He is **smiling**.
[히 이즈 스마일링] .... 그는 | 웃고 / 자고 | 있어.

3 She is **writing**.
[쉬 이즈 라이링] .... 그녀는 | 공부하고 / 쓰고 | 있어.

4 He is **studying**.
[히 이즈 스터딩] .... 그는 | 웃고 / 공부하고 | 있어.

5 She is **sleeping**.
[쉬 이즈 슬리이핑] .... 그녀는 | 자고 / 울고 | 있어.

배운 단어로 문장을 이해해요!

> 남자는 he(그)로, 여자는 she(그녀)로 써요.
> '그[그녀]는 ~하고 있어.'라고 현재 하고 있는 동작을 말할 때는 He[She] is 뒤에 〈동사 + -ing〉를 붙여 표현해요. (He is smiling. 그는 웃고 있어. / She is sleeping. 그녀는 자고 있어.)
> 이 표현은 What is he[she] doing?(그[그녀]는 뭐 하고 있니?)에 대한 대답으로 쓰여요.

B

다음 그림에 맞게 알맞은 단어를 골라 문장을 완성하세요.

smiling	studying	sleeping	crying

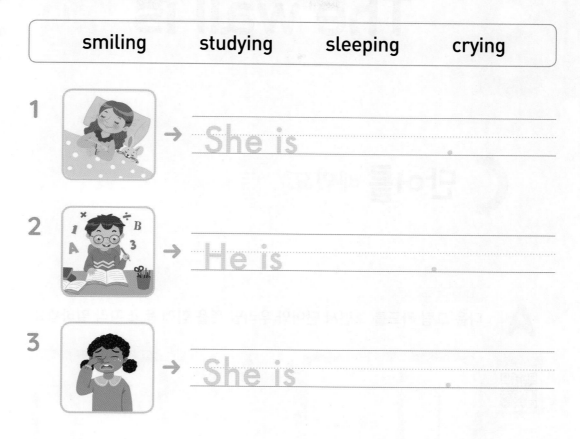

1 → She is _____ .

2 → He is _____ .

3 → She is _____ .

C

다음 우리말에 맞게 카드를 배열한 후, 완성된 문장을 큰 소리로 읽으세요.

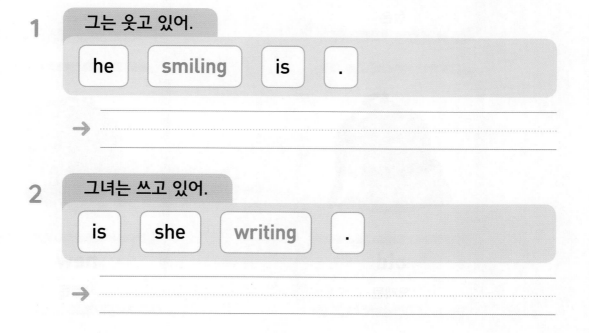

1 그는 웃고 있어.

he   smiling   is   .

→ _____

2 그녀는 쓰고 있어.

is   she   writing   .

→ _____

13

The wall is high.

단어를 배워요

Listen & Speak

A 다음 그림 카드를 보면서 단어와 우리말 뜻을 함께 듣고 따라 말하세요.

단어 듣기

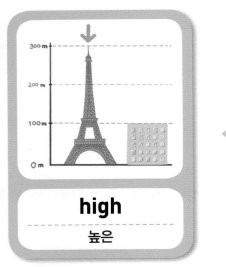

high

높은

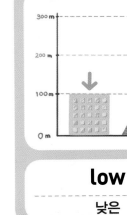

low

낮은

old

오래된

new

새로운

B 다음 단어를 읽고 빠진 철자를 채운 후, 단어와 우리말 뜻을 쓰세요.

high [하이] → hi◻◻

high

뜻 ◻

low [로우] → l◻w

low

뜻 ◻

old [오울드] → o◻d

old

뜻 ◻

new [뉴우] → n◻◻

new

뜻 ◻

A　Choose & Circle

다음 색으로 된 단어에 알맞은 우리말 뜻을 골라 동그라미 하세요.

문장 듣기

1 The bag is old.
[더 백 이즈 오울드]

오래된
낮은

2 The bag is new.
[더 백 이즈 뉴우]

오래된
새로운

3 The wall is high.
[더 워얼 이즈 하이]

높은
새로운

4 The wall is low.
[더 워얼 이즈 로우]

낮은
높은

배운 단어로 문장을 이해해요!

> 벽, 가방 등 사물의 상태를 설명할 때는 The wall[bag] is 뒤에 상태를 나타내는 단어를 붙여
> '그 벽[가방]은 ~(상태)야.'라고 해요.
> (The wall is high. 그 벽은 높아. / The bag is old. 그 가방은 오래됐어.)

정답 117쪽

B

다음 우리말에 맞게 알맞은 단어를 골라 문장을 완성하세요.

high	low	old	new

1 그 벽은 낮아.

→ The wall is   .

2 그 가방은 오래됐어.

→ The bag is   .

3 그 벽은 높아.

→ The wall is   .

C Write & Speak

다음 우리말에 맞게 카드를 배열한 후, 완성된 문장을 큰 소리로 읽으세요.

1 그 가방은 새것이야.

| new | is | the | bag | . |

→

2 그 벽은 낮아.

| the | wall | low | is | . |

→

14 It's one thirty.

단어를 배워요

Listen & Speak

A 다음 그림 카드를 보면서 단어와 우리말 뜻을 함께 듣고 따라 말하세요.

단어 듣기

thirty
30, 서른

forty
40, 마흔

fifty
50, 쉰

twenty-five
25, 스물다섯

o'clock
~시 (정각)

B 다음 단어를 읽고 빠진 철자를 채운 후, 단어와 우리말 뜻을 쓰세요.

thirty   [써어r리]   → th☐r☐y

thirty

뜻 ☐

forty   [포오r리]   → f☐☐ty

forty

뜻 ☐

fifty   [피프티]   → ☐i☐ty

fifty

뜻 ☐

[트웬티-파이브]

twenty-five   → t☐enty-fi☐e

twenty-five

뜻 ☐

o'clock   [어클라아ㅋ]   → ☐'cloc☐

o'clock

뜻 ☐

문장으로 확인해요

It's one thirty.
1시 30분이야.

Choose & Circle

A 다음 색으로 된 단어에 알맞은 우리말 뜻을 골라 동그라미 하세요.

문장 듣기

1
It's two forty.
[잍ㅅ 투우 포오r리]

2시 ┌ 30 ┐ 분이야.
      └ 40 ┘

2
It's three fifty.
[잍ㅅ 쓰리이 피프티]

3시 ┌ 40 ┐ 분이야.
      └ 50 ┘

3
It's one thirty.
[잍ㅅ 원 써어r리]

1시 ┌ 30 ┐ 분이야.
      └ 25 ┘

4
It's five o'clock.
[잍ㅅ 파이브 어클라아크]

5시 ┌ 정각 ┐ 이야.
      └ 반 ┘

5
It's four twenty-five.
[잍ㅅ 포오r 트웬티-파이브]

4시 ┌ 25 ┐ 분이야.
      └ 50 ┘

배운 단어로 문장을 이해해요!

> '~시 …분이야.'라고 말할 때는 It's 뒤에 시각과 분을 나타내는 숫자를 붙여 표현해요.
(It's one thirty. 1시 30분이야.)

> 정각일 때는 시각 뒤에 o'clock을 붙여요. (It's five o'clock. 5시 정각이야.)

> 이때 it은 '그것'이라고 해석하지 않아요.

> 이 표현은 시각을 묻는 What time is it?(지금 몇 시니?)에 대한 대답으로 쓰여요.

Choose & Write

B 다음 그림과 우리말에 맞게 알맞은 단어를 골라 문장을 완성하세요.

| thirty | forty | fifty | o'clock |

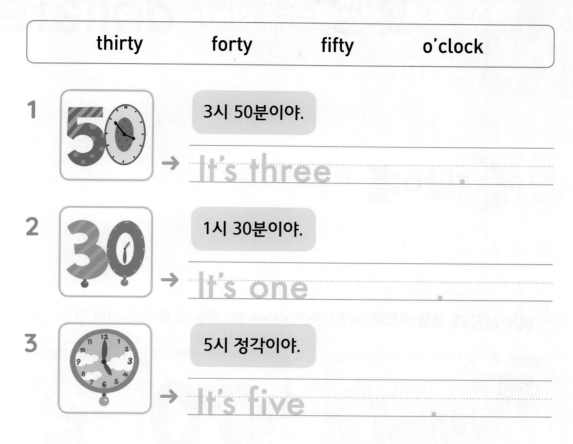

1 3시 50분이야.

→ It's three _____.

2 1시 30분이야.

→ It's one _____.

3 5시 정각이야.

→ It's five _____.

Write & Speak

C 다음 우리말에 맞게 카드를 배열한 후, 완성된 문장을 큰 소리로 읽으세요.

1 2시 40분이야.

| it's | forty | two | . |

→ _____

2 4시 25분이야.

| four | it's | twenty-five | . |

→ _____

15

It's sixty dollars.

단어를 배워요

A 다음 그림 카드를 보면서 단어와 우리말 뜻을 함께 듣고 따라 말하세요.

단어 듣기

sixty

60, 예순

seventy

70, 일흔

eighty

80, 여든

> hundred, thousand는 앞에 숫자를 붙여 더 큰 수를 나타내요. 200은 two hundred가 되겠죠!

ninety

90, 아흔

hundred

100, 백

thousand

1000, 천

B 다음 단어를 읽고 빠진 철자를 채운 후, 단어와 우리말 뜻을 쓰세요.

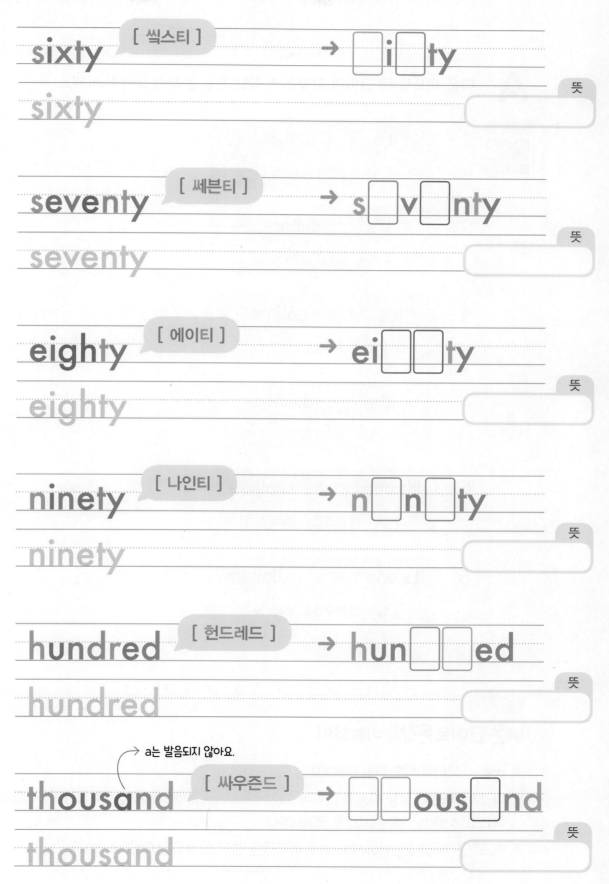

sixty [씩스티] → □i□ty

sixty · 뜻

seventy [쎄븐티] → s□v□nty

seventy · 뜻

eighty [에이티] → ei□□ty

eighty · 뜻

ninety [나인티] → n□n□ty

ninety · 뜻

hundred [헌드레드] → hun□□ed

hundred · 뜻

thousand a는 발음되지 않아요. [싸우즌드] → □□ous□nd

thousand · 뜻

C **문장으로** 확인해요   **It's sixty dollars.**
그것은 60달러야.

Choose & Circle

A 다음 색으로 된 단어에 알맞은 우리말 뜻을 골라 동그라미 하세요.

문장 듣기

1 It's ninety dollars.

[잍ㅅ 나인티 달러*r*즈]

90
70

2 It's sixty dollars.

[잍ㅅ 씩스티 달러*r*즈]

60
80

3 It's seventy dollars.

[잍ㅅ 쎄븐티 달러*r*즈]

60
70

4 It's eighty dollars.

[잍ㅅ 에이티 달러*r*즈]

80
90

5 It's one hundred dollars.

[잍ㅅ 원 헌드레드 달러*r*즈]

100
1000

6 It's one thousand dollars.

[잍ㅅ 원 싸우즌드 달러*r*즈]

100
1000

배운 단어로 문장을 이해해요!

> dollar(달러)는 미국의 화폐 단위예요.
> 가격이 얼마인지 말할 때는 It's 뒤에 <숫자＋화폐 단위(dollar(s))>를 붙여 '그것은 ~(몇) 달러야.'라고
해요. (It's sixty dollars. 그것은 60달러야.)
> 이 표현은 가격을 묻는 How much is it?(그것은 얼마니?)에 대한 대답으로 쓰여요.

B
Choose & Write

다음 그림과 우리말에 맞게 알맞은 단어를 골라 문장을 완성하세요.

sixty	seventy	eighty	ninety

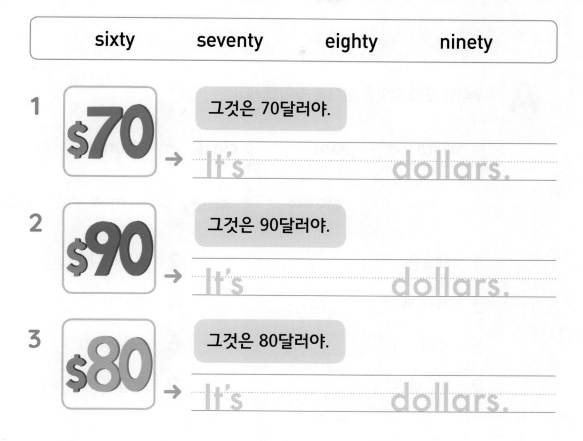

1 $70

그것은 70달러야.

→ It's _____ dollars.

2 $90

그것은 90달러야.

→ It's _____ dollars.

3 $80

그것은 80달러야.

→ It's _____ dollars.

C
Write & Speak

다음 우리말에 맞게 카드를 배열한 후, 완성된 문장을 큰 소리로 읽으세요.

1 그것은 100달러야.

| it's | hundred | one | dollars | . |

→ _____

2 그것은 1000달러야.

| one | thousand | it's | dollars | . |

→ _____

Review | 11-15 |

A 우리말 뜻에 알맞은 단어를 찾아 쓰세요.

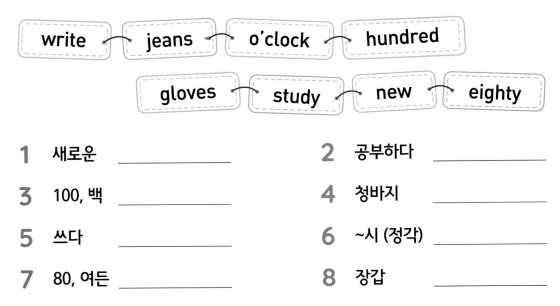

| write | jeans | o'clock | hundred |
| gloves | study | new | eighty |

1 새로운 _____

2 공부하다 _____

3 100, 백 _____

4 청바지 _____

5 쓰다 _____

6 ~시 (정각) _____

7 80, 여든 _____

8 장갑 _____

B 다음 영어 문장에 맞게 빈칸에 알맞은 우리말 뜻을 쓰세요.

1 It's one thirty. → 1시 _____분이야.

2 It's sixty dollars. → 그것은 _____달러야.

3 The wall is high. → 그 벽은 _____.

4 She is sleeping. → 그녀는 _____ 있어.

5 How much are the socks? → 그 _____은 얼마니?

Let's Play

C 다음 그림에 맞게 알맞은 단어로 빈칸을 채워 퍼즐을 완성하세요.

She has a baby.

단어를 배워요

A 다음 그림 카드를 보면서 단어와 우리말 뜻을 함께 듣고 따라 말하세요.

단어 듣기

baby

아기

child

아이, 어린이

friend

친구

husband

남편

wife

아내

B 다음 단어를 읽고 빠진 철자를 채운 후, 단어와 우리말 뜻을 쓰세요.

baby [베이비] → b[ ]b[ ]

baby

뜻 [   ]

child [차일드] → ch[ ]l[ ]

child

뜻 [   ]

friend [프렌드] → fr[ ][ ]nd

friend

뜻 [   ]

[허즈번드]

husband → hu[ ]b[ ]nd

husband

뜻 [   ]

wife [와이프] → w[ ]f[ ]

wife

뜻 [   ]

C 문장으로 확인해요

She has a baby.
그녀는 아기가 있어.

문장 듣기

Choose & Circle

A 다음 색으로 된 단어에 알맞은 우리말 뜻을 골라 동그라미 하세요.

1 He has a child.
[히 해즈 어 촤일드]

아내
아이

2 She has a baby.
[쉬 해즈 어 베이비]

아기
남편

3 He has a wife.
[히 해즈 어 와이프]

아내
아기

4 She has a husband.
[쉬 해즈 어 허즈번드]

친구
남편

5 He has a friend.
[히 해즈 어 프렌드]

아이
친구

배운 단어로 문장을 이해해요!

▶ have는 '~이 있다'라는 뜻으로 특정한 관계를 맺고 있는 사람이 있음을 나타내요. he나 she와 함께 쓰이면 has로 모양이 바뀌어요.

▶ '그[그녀]는 ~(사람)이 있어.'라고 말할 때는 He[She] has a 뒤에 사람을 나타내는 단어를 붙여 표현해요.
(He has a child. 그는 아이가 있어. / She has a baby. 그녀는 아기가 있어.)

B Choose & Write

다음 그림과 우리말에 맞게 알맞은 단어를 골라 문장을 완성하세요.

> wife   friend   baby   husband   child

1 그녀는 남편이 있어.

→ She has a _____ .

2 그는 친구가 있어.

→ He has a _____ .

3 그는 아내가 있어.

→ He has a _____ .

C Write & Speak

다음 우리말에 맞게 카드를 배열한 후, 완성된 문장을 큰 소리로 읽으세요.

1 그녀는 아기가 있어.

> a   baby   she   has   .

→ _____

2 그는 아이가 있어.

> he   has   child   a   .

→ _____

17

I enjoy camping.

단어를 배워요

Listen & Speak

A 다음 그림 카드를 보면서 단어와 우리말 뜻을 함께 듣고 따라 말하세요.

단어 듣기

camping

캠핑

hiking

하이킹

jogging

조깅

swimming

수영

fishing

낚시

B 다음 단어를 읽고 빠진 철자를 채운 후, 단어와 우리말 뜻을 쓰세요.

camping　[캠핑] → ☐am☐ing

camping

뜻

hiking　[하이킹] → h☐k☐ng

hiking

뜻

jogging　[좌아깅] → jo☐☐ing

jogging

뜻

[스위밍]

swimming → swi☐☐ing

swimming

뜻

fishing　[피슁] → fi☐☐ing

fishing

뜻

문장으로 확인해요

> **I enjoy camping.**
> 나는 캠핑을 즐겨.

Look & Match

A 다음 그림에 맞게 색으로 된 알맞은 단어와 우리말 뜻을 연결하세요.

문장 듣기

1   • • **I enjoy hiking.** [아이 인죠이 하이킹] • • 낚시

2   • • **I enjoy fishing.** [아이 인죠이 피슁] • • 하이킹

3   • • **I enjoy jogging.** [아이 인죠이 좌아깅] • • 캠핑

4  • • **I enjoy camping.** [아이 인죠이 캠핑] • • 조깅

5   • • **I enjoy swimming.** [아이 인죠이 스위밍] • • 수영

배운 단어로 문장을 이해해요!

> enjoy는 '즐기다'라는 뜻을 나타내요.
> '나는 ~(여가 활동)을 즐겨.'라고 즐기는 활동을 말할 때는 I enjoy 뒤에 여가 활동을 나타내는 단어를 붙여 표현해요. (I enjoy camping. 나는 캠핑을 즐겨.)

정답 119쪽

B 다음 우리말에 맞게 알맞은 단어를 골라 문장을 완성하세요.

1 나는 조깅을 즐겨. jogging swimming

→ I enjoy _____ .

2 나는 낚시를 즐겨. hiking fishing

→ I enjoy _____ .

3 나는 캠핑을 즐겨. camping hiking

→ I enjoy _____ .

C 다음 우리말에 맞게 카드를 배열한 후, 완성된 문장을 큰 소리로 읽으세요.

1 나는 하이킹을 즐겨.

I   hiking   enjoy   .

→ _____

2 나는 수영을 즐겨.

swimming   I   enjoy   .

→ _____

18
It takes three minutes.

단어를 배워요

A 다음 그림 카드를 보면서 단어와 우리말 뜻을 함께 듣고 따라 말하세요.

단어 듣기

minute

분

hour

시간

day

일, 하루

day는 '요일'이라는 뜻도 나타내요.

week

주, 일주일

month

달, 월, 개월

year

해, 년(年)

80

B 다음 단어를 읽고 빠진 철자를 채운 후, 단어와 우리말 뜻을 쓰세요.

minute [미니ㅌ] → min☐t☐

minute

뜻

→ h는 발음되지 않아요.

hour [아워r] → ☐our

hour

뜻

day [데이] → d☐☐

day

뜻

week [위이ㅋ] → w☐☐k

week

뜻

month [먼ㅆ] → mon☐☐

month

뜻

year [이-어r] → ☐ea☐

year

뜻

81

Choose & Circle

A 다음 색으로 된 단어에 알맞은 우리말 뜻을 골라 동그라미 하세요.

문장 듣기

1 **It takes two days.**
[잍 테이크ㅅ 투우 데이즈]
2 | 분 / 일 | 걸려.

2 **It takes two weeks.**
[잍 테이크ㅅ 투우 위익스]
2 | 주 / 년 | 걸려.

3 **It takes three years.**
[잍 테이크ㅅ 쓰리이 이-어r즈]
3 | 개월 / 년 | 걸려.

4 **It takes three minutes.**
[잍 테이크ㅅ 쓰리이 미니츠]
3 | 시간 / 분 | 걸려.

5 **It takes three months.**
[잍 테이크ㅅ 쓰리이 먼쓰]
3 | 개월 / 주 | 걸려.

6 **It takes two hours.**
[잍 테이크ㅅ 투우 아워r즈]
2 | 일 / 시간 | 걸려.

배운 단어로 문장을 이해해요!

> take는 '(시간이) 걸리다'라는 뜻을 나타내요. it과 함께 쓰이면 takes가 돼요.
> 시간이 얼마나 걸리는지 말할 때는 <It takes + 숫자 + 시간 단위.>로 '~(시간) 걸려.'라고 표현해요.
> 이때 it은 '그것'이라고 해석하지 않아요. (It takes three minutes. 3분 걸려.)
> two(둘) 이상은 단어 끝에 -s를 붙여 복수형으로 써요.

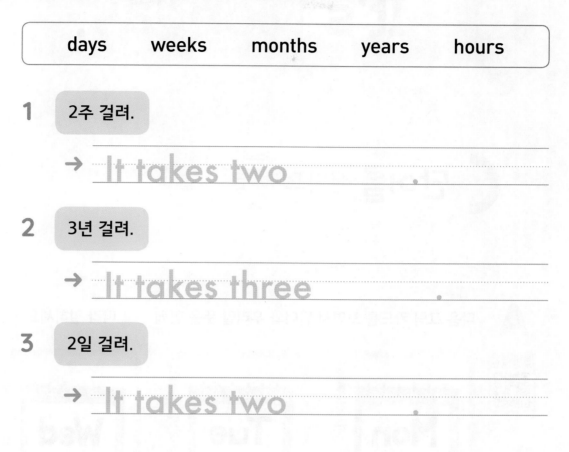

Choose & Write

B 다음 우리말에 맞게 알맞은 단어를 골라 문장을 완성하세요.

days	weeks	months	years	hours

1 2주 걸려.

→ It takes two _____ .

2 3년 걸려.

→ It takes three _____ .

3 2일 걸려.

→ It takes two _____ .

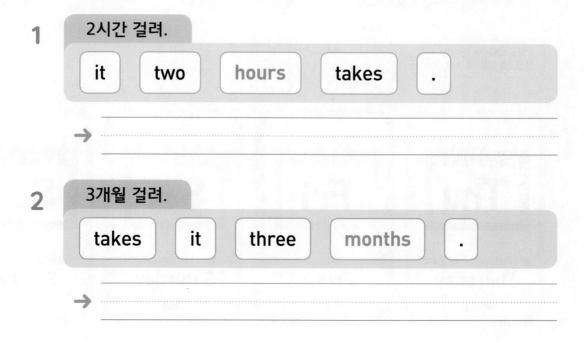

Write & Speak

C 다음 우리말에 맞게 카드를 배열한 후, 완성된 문장을 큰 소리로 읽으세요.

1 2시간 걸려.

it	two	hours	takes	.

→ _____

2 3개월 걸려.

takes	it	three	months	.

→ _____

19 It's Monday.

단어를 배워요

A 다음 그림 카드를 보면서 단어와 우리말 뜻을 함께 듣고 따라 말하세요.

단어 듣기

Monday
월요일

Tuesday
화요일

Wednesday
수요일

> 요일을 나타내는 단어는 첫 글자를 대문자로 써요.

Thursday
목요일

Friday
금요일

Saturday
토요일

Sunday
일요일

B 다음 단어를 읽고 빠진 철자를 채운 후, 단어와 우리말 뜻을 쓰세요.

Monday [먼데이] → ☐o☐day

Monday 뜻

Tuesday [튜즈데이] → T☐e☐day

Tuesday 뜻

→ d는 발음되지 않아요.

Wednesday [웬즈데이] → We☐n☐sday

Wednesday 뜻

Thursday [써어r즈데이] → ☐☐ursday

Thursday 뜻

Friday [프라이데이] → F☐☐day

Friday 뜻

Saturday [쌔러r데이] → Sa☐u☐day

Saturday 뜻

Sunday [썬데이] → ☐u☐day

Sunday 뜻

Choose & Circle

A 다음 색으로 된 단어에 알맞은 우리말 뜻을 골라 동그라미 하세요.

문장 듣기

1   It's Monday.
[잍ㅅ 먼데이]

일요일
월요일

2   It's Friday.
[잍ㅅ 프라이데이]

토요일
금요일

3   It's Sunday.
[잍ㅅ 썬데이]

일요일
목요일

4   It's Tuesday.
[잍ㅅ 튜즈데이]

화요일
월요일

5   It's Thursday.
[잍ㅅ 써어r즈데이]

수요일
목요일

6   It's Saturday.
[잍ㅅ 쌔러r데이]

토요일
금요일

7   It's Wednesday.
[잍ㅅ 웬즈데이]

화요일
수요일

배운 단어로 문장을 이해해요!

> 요일을 말할 때는 It's 뒤에 요일을 나타내는 단어를 붙여 '~(요일)이야.'라고 해요. (It's Monday. 월요일이야.)

> 이때 it은 '그것'이라고 해석하지 않아요.

B
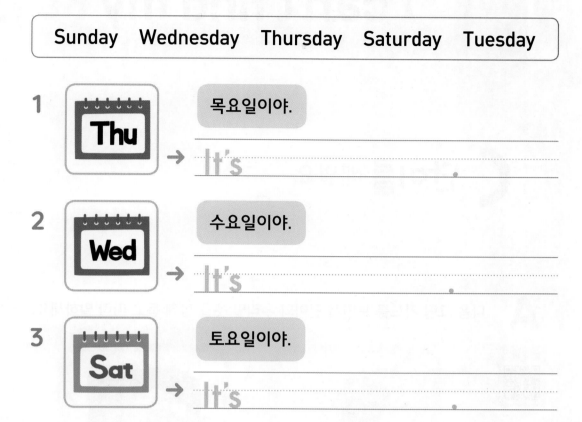

B Choose & Write

다음 그림과 우리말에 맞게 알맞은 단어를 골라 문장을 완성하세요.

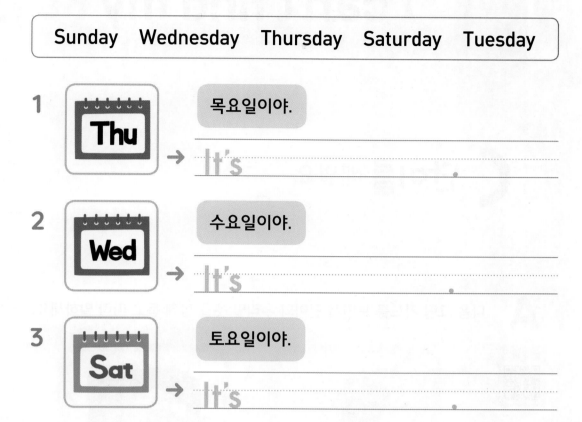

Sunday   Wednesday   Thursday   Saturday   Tuesday

1 Thu   목요일이야.
→ It's _____ .

2 Wed   수요일이야.
→ It's _____ .

3 Sat   토요일이야.
→ It's _____ .

C Write & Speak

다음 우리말에 맞게 알맞은 카드를 골라 배열한 후, 완성된 문장을 큰 소리로 읽으세요.

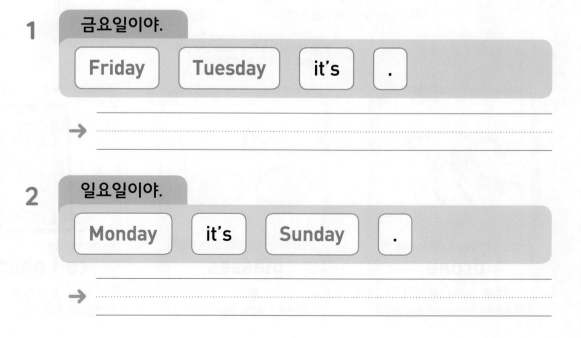

1 금요일이야.

Friday   Tuesday   it's   .

→ _____

2 일요일이야.

Monday   it's   Sunday   .

→ _____

20

I can't find my key.

단어를 배워요

Listen & Speak

A 다음 그림 카드를 보면서 단어와 우리말 뜻을 함께 듣고 따라 말하세요.

단어 듣기

key

열쇠

wallet

지갑

> 안경알 두 개가 한 쌍이므로 단어 끝에
> -es를 붙여 항상 복수형으로 써요.

drone

드론, 무인 항공기

glasses

안경

cell phone

휴대전화

B 다음 단어를 읽고 빠진 철자를 채운 후, 단어와 우리말 뜻을 쓰세요.

key [키이] → k☐☐

key

뜻

wallet [월리ㅌ] → w☐lle☐

wallet

뜻

drone [드로운] → d☐o☐e

drone

뜻

glasses [글래씨즈] → glass☐☐

glasses

뜻

cell phone [쎌 포운] → cell ☐☐one

cell phone

뜻

문장으로 확인해요

I can't find my key.
나는 내 열쇠를 찾을 수 없어.

Look & Match

A 다음 그림에 맞게 색으로 된 알맞은 단어와 우리말 뜻을 연결하세요.

문장 듣기

1   I can't find my drone.
[아이 캔트 파인드 마이 드로운]   열쇠

2    I can't find my key.
[아이 캔트 파인드 마이 키이]   드론

3   I can't find my wallet.
[아이 캔트 파인드 마이 월리트]   안경

4   I can't find my glasses.
[아이 캔트 파인드 마이 글래씨즈]   지갑

5   I can't find my cell phone.
[아이 캔트 파인드 마이 쎌 포운]   휴대전화

배운 단어로 문장을 이해해요!

> can't는 can(~할 수 있다)과 not을 줄여 쓴 말로 '~할 수 없다'라고 말할 때 써요.
> find는 '찾다, 발견하다'라는 뜻을 나타내요.
> '나는 내 ~(물건)을 찾을 수 없어.'라고 말할 때는 I can't find my 뒤에 물건을 나타내는 단어를 붙여 표현해요. (I can't find my key. 나는 내 열쇠를 찾을 수 없어.)

B 다음 우리말에 맞게 알맞은 단어를 골라 문장을 완성하세요.

1 나는 내 지갑을 찾을 수 없어. | drone | wallet

→ I can't find my _____.

2 나는 내 열쇠를 찾을 수 없어. | key | glasses

→ I can't find my _____.

3 나는 내 안경을 찾을 수 없어. | glasses | cell phone

→ I can't find my _____.

C 다음 우리말에 맞게 카드를 배열한 후, 완성된 문장을 큰 소리로 읽으세요.

1 나는 내 휴대전화를 찾을 수 없어.

| my | cell phone | can't | find | . |

→ I _____

2 나는 내 드론을 찾을 수 없어.

| can't | find | I | my | drone | . |

→ _____

Review | 16-20 |

A 다음 단어에 알맞은 우리말 뜻을 찾아 쓰세요.

안경 → 목요일 → 휴대전화 → 수요일

하이킹 → 해, 년 → 수영 → 달, 월, 개월

1 hiking _____

2 Thursday _____

3 glasses _____

4 cell phone _____

5 month _____

6 swimming _____

7 year _____

8 Wednesday _____

B 다음 우리말에 맞게 빈칸에 철자를 바르게 배열하여 문장을 완성하세요.

1 그녀는 아기가 있어. ▶ She has a _____.
(bayb)

2 월요일이야. ▶ It's _____.
(Modnay)

3 나는 캠핑을 즐겨. ▶ I enjoy _____.
(picamng)

4 3분 걸려. ▶ It takes three _____.
(numites)

5 나는 내 열쇠를 찾을 수 없어. ▶ I can't find my _____.
(eyk)

C

Let's Play

다음 우리말 뜻에 알맞은 단어를 찾아 동그라미 한 후, 빈칸에 쓰세요.

f	z	d	r	o	n	e
n	i	s	n	v	h	s
d	q	s	b	g	d	a
a	e	r	h	o	u	r
y	y	p	u	i	l	x
z	f	r	i	e	n	d
m	w	i	f	e	o	g

1 낚시 _____

2 드론 _____

3 일, 하루 _____

4 시간 _____

5 친구 _____

6 아내 _____

D

Let's Play

다음 사다리를 타면서 그림과 단어가 일치하면 ○표, 일치하지 <u>않으면</u> X표 하세요.

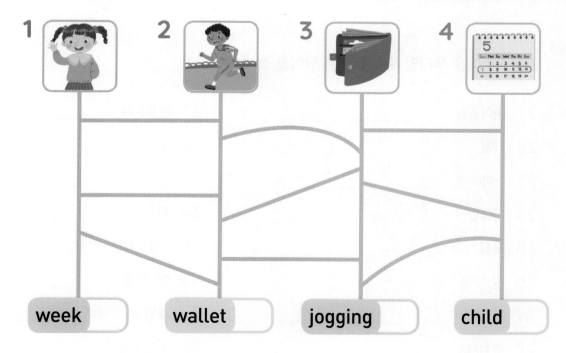

week   wallet   jogging   child

Self-check! 자신이 외운 16~20의 단어 개수 ☐ 1~9개 ☐ 10~19개 ☐ 20~28개

실력 Test

A Step 1 다음 우리말 뜻에 알맞은 단어에 ✔ 하세요.

01 취미	☐ dream	☐ hobby	
02 반바지	☐ shorts	☐ jeans	
03 오래된	☐ old	☐ new	
04 지갑	☐ wallet	☐ key	
05 시간	☐ year	☐ hour	
06 아들	☐ son	☐ cousin	
07 꽃병	☐ lamp	☐ vase	
08 집	☐ house	☐ room	
09 플루트	☐ flute	☐ cello	
10 금요일	☐ Sunday	☐ Friday	

11 선풍기	☐ fan	☐ mirror
12 울다	☐ smile	☐ cry
13 선생님	☐ writer	☐ teacher
14 벽	☐ wall	☐ roof
15 이모	☐ uncle	☐ aunt
16 쓰다	☐ write	☐ draw
17 50, 쉰	☐ fifteen	☐ fifty
18 친구	☐ child	☐ friend
19 ~ 옆에	☐ under	☐ next to
20 아내	☐ wife	☐ mother

Step 2 다음 우리말 뜻에 알맞은 단어를 쓰세요.

21 바이올린 _____

22 낚시 _____

23 ~ 아래에 _____

24 목요일 _____

25 교실 _____

26 일, 하루 _____

27 디자이너 _____

28 경찰서 _____

29 해, 년(年) _____

30 80, 여든 _____

31 공부하다 _____

32 우체국 _____

33 딸 _____

34 화요일 _____

35 ~시 (정각) _____

36 90, 아흔 _____

37 수영 _____

38 휴대전화 _____

39 수요일 _____

40 100, 백 _____

B

Step 1 다음 단어에 알맞은 우리말 뜻에 ✔ 하세요.

01 low	☐ 오래된 ☐ 낮은	11 number	☐ 번호 ☐ 이름
02 church	☐ 병원 ☐ 교회	12 model	☐ 작가 ☐ 모델
03 in	☐ ~ 안에 ☐ ~ 옆에	13 locker	☐ 사물함 ☐ 교실
04 husband	☐ 삼촌 ☐ 남편	14 spider	☐ 개미 ☐ 거미
05 student	☐ 학생 ☐ 선생님	15 bakery	☐ 제과점 ☐ 도서관
06 address	☐ 안경 ☐ 주소	16 gloves	☐ 장갑 ☐ 양말
07 cello	☐ 기타 ☐ 첼로	17 room	☐ 방 ☐ 바닥
08 mirror	☐ 거울 ☐ 그림	18 bee	☐ 나비 ☐ 벌
09 actor	☐ 배우 ☐ 모델	19 new	☐ 새로운 ☐ 높은
10 cousin	☐ 어린이 ☐ 사촌	20 Sunday	☐ 월요일 ☐ 일요일

Step 2 다음 단어에 알맞은 우리말 뜻을 쓰세요.

21 dream	_____	32 jeans	_____
22 lamp	_____	33 seventy	_____
23 mittens	_____	34 week	_____
24 forty	_____	35 hiking	_____
25 child	_____	36 glasses	_____
26 month	_____	37 smile	_____
27 jogging	_____	38 Saturday	_____
28 guitar	_____	39 butterfly	_____
29 writer	_____	40 drone	_____
30 floor	_____	41 twenty-five	_____
31 thousand	_____	42 bug	_____

실력 Test

C

Step 1 다음 우리말에 맞게 빈칸에 알맞은 단어를 쓰세요.

01 이것은 칠판이야.   This is a _____.

02 1시 30분이야.   It's one _____.

03 월요일이야.   It's _____.

04 그녀는 아기가 있어.   She has a _____.

05 그것은 지붕이야.   It's a _____.

06 그는 과학자야.   He is a _____.

07 그것은 책상 위에 있어.   It's _____ the desk.

08 그 벽은 높아.   The wall is _____.

09 나는 내 열쇠를 찾을 수 없어. I can't find my _____.

10 그 양말은 얼마니?   How much are the _____?

Step 2 다음 영어 문장에 맞게 빈칸에 알맞은 우리말 뜻을 쓰세요.

11 **What is your name?**   네 _____이 뭐니?

12 **Where is the library?**   _____은 어디에 있니?

13 **It's sixty dollars.**   그것은 _____달러야.

14 **There is a picture.**   _____이 있어.

15 **She is sleeping.**   그녀는 _____있어.

16 **I enjoy camping.**   나는 _____을 즐겨.

17 **He is my uncle.**   그는 나의 _____이야.

18 **It takes three minutes.** 3 _____ 걸려.

19 **I don't like ants.**   나는 _____를 좋아하지 않아.

20 **Can you play the piano?** 너는 _____를 칠 수 있니?

완자

공부력

정답

초등 영어 **영단어 4B**

 정답 QR 코드

완자 공부력 가이드

완자 공부력 시리즈는
앞으로도 계속 출간될 예정입니다.

국어 맞춤법 바로 쓰기 1~2학년용 4책

쓰기력

전과목 어휘 1~6학년용 12책

전과목 한자 어휘 1~6학년용 12책

영어 파닉스 1~2학년용 2책

영어 영단어 3~6학년용 8책

어휘력

국어 독해 1~6학년용 12책

한국사 독해 인물편 3~6학년용 4책

한국사 독해 시대편 3~6학년용 4책

독해력

수학 계산 1~6학년용 12책

계산력

98

완자 공부력 시리즈로 공부 근육을 키워요!

매일 성장하는
초등 자기개발서
ⓦ 완자
공부력

학습의 기초가 되는 읽기, 쓰기, 셈하기와 관련된
공부력을 키워야 여러 교과를 터득하기 쉬워집니다.
또한 어휘력과 독해력, 쓰기력, 계산력을 바탕으로 한
'공부력'은 자기주도 학습으로 상당한 단계까지 올라갈 수
있는 밑바탕이 되어 줍니다. 그래서 매일 꾸준한 학습이
가능한 '**완자 공부력 시리즈**'로 공부하면 **자기주도** 학습이
가능한 튼튼한 공부 근육을 키울 수 있을 것이라 확신합니다.

효과적인 공부력 강화 계획을 세워요!

학년별 공부 계획

내 학년에 맞게 꾸준하게 공부 계획을 세워요!

		1-2학년	3-4학년	5-6학년
기본	독해	국어 독해 1A 1B 2A 2B	국어 독해 3A 3B 4A 4B	국어 독해 5A 5B 6A 6B
	계산	수학 계산 1A 1B 2A 2B	수학 계산 3A 3B 4A 4B	수학 계산 5A 5B 6A 6B
	어휘	전과목 어휘 1A 1B 2A 2B	전과목 어휘 3A 3B 4A 4B	전과목 어휘 5A 5B 6A 6B
		파닉스 1 2	영단어 3A 3B 4A 4B	영단어 5A 5B 6A 6B
확장	어휘	전과목 한자 어휘 1A 1B 2A 2B	전과목 한자 어휘 3A 3B 4A 4B	전과목 한자 어휘 5A 5B 6A 6B
	쓰기	맞춤법 바로 쓰기 1A 1B 2A 2B		
	독해			한국사 독해 인물편 1 2 3 4 한국사 독해 시대편 1 2 3 4

시기별 공부 계획

학기 중에는 **기본**, 방학 중에는 **기본 + 확장**으로 공부 계획을 세워요!

방학 중			
학기 중			
기본			확장
독해	계산	어휘	어휘, 쓰기, 독해
국어 독해	수학 계산	전과목 어휘	전과목 한자 어휘
		파닉스(1~2학년) 영단어(3~6학년)	맞춤법 바로 쓰기(1~2학년) 한국사 독해(3~6학년)

예시 초1 학기 중 공부 계획표 주 5일 하루 3과목 (45분)

월	화	수	목	금
국어 독해	국어 독해	국어 독해	국어 독해	국어 독해
수학 계산	수학 계산	수학 계산	수학 계산	수학 계산
전과목 어휘	파닉스	전과목 어휘	전과목 어휘	파닉스

예시 초4 방학 중 공부 계획표 주 5일 하루 4과목 (60분)

월	화	수	목	금
국어 독해	국어 독해	국어 독해	국어 독해	국어 독해
수학 계산	수학 계산	수학 계산	수학 계산	수학 계산
전과목 어휘	영단어	전과목 어휘	전과목 어휘	영단어
한국사 독해 인물편	전과목 한자 어휘	한국사 독해 인물편	전과목 한자 어휘	한국사 독해 인물편

3A

• 교육부 지정 초등 필수 영단어 및 초등 교과서 학년별 필수 영단어 수록
• 시리즈 전체 총 단어 수 824개

단어 수: 100개

01	It is a desk.	• desk 책상 • chair 의자 • sofa 소파 • bed 침대 • table 식탁
02	Go.	• go 가다 • come 오다 • stop 멈추다 • sit 앉다 • stand 서다
03	This is my eye.	• eye 눈 • ear 귀 • nose 코 • mouth 입 • face 얼굴
04	I have a pencil.	• pencil 연필 • ruler 자 • pen 펜 • textbook 교과서 • eraser 지우개 • have 가지다
05	It is red.	• red 빨간색 • blue 파란색 • green 초록색 • yellow 노란색 • black 검은색
06	I like apples.	• apple 사과 • banana 바나나 • orange 오렌지 • grape 포도 • pear 배 • like 좋아하다
07	Do you have a dog?	• dog 개 • cat 고양이 • bird 새 • rabbit 토끼 • fish 물고기
08	It is my book.	• book 책 • doll 인형 • robot 로봇 • ball 공 • bat 방망이
09	I can sing.	• sing 노래하다 • swim 수영하다 • cook 요리하다 • skate 스케이트를 타다 • ski 스키를 타다
10	It is big.	• big (크기가) 큰 • small (크기가) 작은 • long (길이가) 긴 • short (길이가) 짧은
11	I don't like onions.	• onion 양파 • carrot 당근 • potato 감자 • tomato 토마토 • corn 옥수수
12	Is it a pig?	• pig 돼지 • cow 소 • horse 말 • chicken 닭 • duck 오리
13	This is my mom.	• mom 엄마 • dad 아빠 • sister 여자 형제(언니, 누나, 여동생) • brother 남자 형제(형, 오빠, 남동생) • family 가족
14	I don't have a crayon.	• crayon 크레용 • notebook 공책 • pencil case 필통 • glue 풀 • scissors 가위
15	I want candy.	• candy 사탕 • ice cream 아이스크림 • pie 파이 • chocolate 초콜릿 • dessert 디저트 • want 원하다
16	That is a car.	• car 자동차 • bus 버스 • train 기차 • ship 배 • airplane 비행기
17	Look at the sun.	• sun 해 • moon 달 • cloud 구름 • star 별 • sky 하늘 • look 보다
18	We buy cheese.	• cheese 치즈 • bread 빵 • ham 햄 • butter 버터 • jam 잼 • buy 사다
19	It is sunny.	• sunny 화창한 • rainy 비가 오는 • snowy 눈이 오는 • cloudy 흐린, 구름이 낀 • windy 바람이 부는 • foggy 안개가 낀
20	Don't run.	• run 달리다, 뛰다 • talk 말하다 • touch 만지다 • drink 마시다 • enter 들어오다

3B 단어 수: 101개

01	**This is a bag.**	• bag 가방 • camera 카메라 • clock 시계 • album 앨범 • umbrella 우산
02	**It's a pink ball.**	• pink 분홍색 • white 흰색 • brown 갈색 • gray 회색 • purple 보라색
03	**How many monkeys?**	• monkey 원숭이 • tiger 호랑이 • lion 사자 • bear 곰 • panda 판다
04	**I have one book.**	• one 1, 하나 • two 2, 둘 • three 3, 셋 • four 4, 넷 • five 5, 다섯
05	**I am six years old.**	• six 6, 여섯 • seven 7, 일곱 • eight 8, 여덟 • nine 9, 아홉 • ten 10, 열
06	**Touch your hand.**	• hand 손 • neck 목 • arm 팔 • leg 다리 • foot 발
07	**Do you like lemons?**	• lemon 레몬 • melon 멜론 • kiwi 키위 • peach 복숭아 • strawberry 딸기
08	**I can't dance.**	• dance 춤추다 • jump 점프하다 • dive 다이빙하다 • fly 날다 • drive 운전하다
09	**I drink milk.**	• milk 우유 • juice 주스 • water 물 • soda 탄산음료 • tea 차
10	**She is tall.**	• tall (키가) 큰 • short (키가) 작은 • old 나이가 많은 • young 어린 • pretty 예쁜 • ugly 못생긴
11	**Is this your cap?**	• cap 모자 • skirt 치마 • dress 원피스, 드레스 • shirt 셔츠 • coat 코트
12	**Let's play together.**	• play 놀다 • walk 걷다 • clean 청소하다 • work 일하다 • eat 먹다 • together 함께
13	**Look at the flower.**	• flower 꽃 • tree 나무 • leaf 나뭇잎 • plant 식물 • rainbow 무지개
14	**We eat pizza.**	• pizza 피자 • salad 샐러드 • rice 밥, 쌀 • steak 스테이크 • spaghetti 스파게티
15	**I'm happy.**	• happy 행복한 • sad 슬픈 • angry 화난 • hungry 배고픈 • sleepy 졸리운
16	**It's warm.**	• warm 따뜻한 • hot 더운 • cool 시원한 • cold 추운
17	**He is a doctor.**	• doctor 의사 • nurse 간호사 • cook 요리사 • farmer 농부 • pilot 조종사
18	**Good morning.**	• morning 아침 • noon 정오 • afternoon 오후 • evening 저녁 • night 밤 • good 좋은
19	**Open the door, please.**	• door 문 • window 창문 • open 열다 • close 닫다 • push 밀다 • pull 당기다
20	**There is a mouse.**	• mouse 쥐 • snake 뱀 • turtle 거북이 • frog 개구리 • iguana 이구아나

4A 단어 수: 100개

01	I love my mother.	• mother 어머니 • father 아버지 • grandmother 할머니 • grandfather 할아버지 • parents 부모 • love 사랑하다
02	This is my head.	• head 머리 • tooth 이 • shoulder 어깨 • finger 손가락 • toe 발가락
03	Here is a brush.	• brush 붓 • watch 손목시계 • basket 바구니 • paper 종이 • tape (접착용) 테이프
04	Is she a dentist?	• dentist 치과 의사 • singer 가수 • dancer 댄서, 무용가 • baker 제빵사 • driver 운전사
05	It's time for breakfast.	• breakfast 아침 식사 • school 학교 • lunch 점심 식사 • dinner 저녁 식사 • bed 취침 (시간) • time 시간
06	Let's play soccer.	• soccer 축구 • baseball 야구 • basketball 농구 • tennis 테니스 • badminton 배드민턴 • play 경기를 하다
07	Are you busy?	• busy 바쁜 • full 배부른 • sick 아픈 • tired 피곤한 • thirsty 목마른
08	Do you like chicken?	• chicken 닭고기 • fish 생선, 물고기 • pork 돼지고기 • beef 소고기 • meat 고기 • like 좋아하다
09	He is eleven years old.	• eleven 11, 열하나 • twelve 12, 열둘 • thirteen 13, 열셋 • fourteen 14, 열넷 • fifteen 15, 열다섯
10	There are sixteen pencils.	• sixteen 16, 열여섯 • seventeen 17, 열일곱 • eighteen 18, 열여덟 • nineteen 19, 열아홉 • twenty 20, 스물 • pencil 연필
11	It's my cake.	• cake 케이크 • candle 초 • present 선물 • birthday 생일 • party 파티
12	Do you know the boy?	• boy 소년 • girl 소녀 • man 남자 • woman 여자 • gentleman 신사 • lady 숙녀 • know 알다
13	Look at the giraffe.	• giraffe 기린 • wolf 늑대 • elephant 코끼리 • fox 여우 • zebra 얼룩말 • look 보다
14	He is handsome.	• handsome 잘생긴 • beautiful 아름다운 • fat 뚱뚱한 • thin 마른 • cute 귀여운
15	I am listening.	• listen 듣다 • read 읽다 • draw (연필로) 그리다 • paint (물감으로) 그리다 • cut 자르다
16	Put on your hat.	• hat (테가 있는) 모자 • scarf 스카프, 목도리 • jacket 재킷, (셔츠 위에 입는) 상의 • pants 바지 • shoes 신발 • put on ~을 입다 • take off ~을 벗다
17	I'm going to the zoo.	• zoo 동물원 • park 공원 • bank 은행 • hospital 병원 • market 시장 • go 가다
18	Do you want some soup?	• soup 수프 • curry 카레 • hamburger 햄버거 • egg 달걀 • cookie 쿠키 • want 원하다 • some 약간의
19	I can get there by bicycle.	• bicycle 자전거 • subway 지하철 • taxi 택시 • boat 보트, (작은) 배 • helicopter 헬리콥터
20	I want a bottle of water.	• bottle 병, 통 • bowl 그릇, 사발 • cup 컵, 잔 • glass (유리)잔 • water 물 • rice 밥, 쌀 • tea 차 • milk 우유

01	**What is your name?**	• name 이름 • hobby 취미 • dream 꿈 • address 주소 • number 번호, 숫자 • phone number 전화번호
02	**There is a picture.**	• picture 그림, 사진 • mirror 거울 • fan 선풍기 • lamp 램프, 등 • vase 꽃병
03	**It's a roof.**	• roof 지붕 • wall 벽 • floor 바닥 • room 방 • house 집
04	**This is a blackboard.**	• blackboard 칠판 • locker 사물함 • student 학생 • teacher 선생님 • classroom 교실
05	**He is my uncle.**	• uncle (외)삼촌, 이모부, 고모부 • aunt 이모, 고모, (외)숙모 • cousin 사촌 • son 아들 • daughter 딸
06	**Where is the library?**	• library 도서관 • church 교회 • bakery 제과점 • post office 우체국 • police station 경찰서
07	**It's on the desk.**	• on ~ 위에 • under ~ 아래에 • in ~ 안에 • next to ~ 옆에 • desk 책상 • bag 가방
08	**I don't like ants.**	• ant 개미 • bee 벌 • spider 거미 • butterfly 나비 • bug 벌레, 작은 곤충
09	**He is a scientist.**	• scientist 과학자 • writer 작가 • actor 배우 • designer 디자이너 • model 모델
10	**Can you play the piano?**	• piano 피아노 • guitar 기타 • violin 바이올린 • flute 플루트 • cello 첼로 • play (악기를) 연주하다
11	**How much are the socks?**	• socks 양말 • jeans 청바지 • shorts 반바지 • gloves 장갑 • mittens 벙어리장갑
12	**She is sleeping.**	• sleep (잠을) 자다 • study 공부하다 • cry 울다 • smile 웃다, 미소 짓다 • write 쓰다
13	**The wall is high.**	• high 높은 • low 낮은 • old 오래된 • new 새로운
14	**It's one thirty.**	• thirty 30, 서른 • forty 40, 마흔 • fifty 50, 쉰 • twenty-five 25, 스물다섯 • o'clock ~시 (정각)
15	**It's sixty dollars.**	• sixty 60, 예순 • seventy 70, 일흔 • eighty 80, 여든 • ninety 90, 아흔 • hundred 100, 백 • thousand 1000, 천 • dollar 달러
16	**She has a baby.**	• baby 아기 • child 아이, 어린이 • friend 친구 • husband 남편 • wife 아내 • have ~이 있다
17	**I enjoy camping.**	• camping 캠핑 • hiking 하이킹 • jogging 조깅 • swimming 수영 • fishing 낚시 • enjoy 즐기다
18	**It takes three minutes.**	• minute 분 • hour 시간 • day 일, 하루 • week 주, 일주일 • month 달, 월, 개월 • year 해, 년(年) • take (시간이) 걸리다
19	**It's Monday.**	• Monday 월요일 • Tuesday 화요일 • Wednesday 수요일 • Thursday 목요일 • Friday 금요일 • Saturday 토요일 • Sunday 일요일
20	**I can't find my key.**	• key 열쇠 • wallet 지갑 • drone 드론, 무인 항공기 • glasses 안경 • cell phone 휴대전화 • find 찾다, 발견하다

초등 필수 영단어 완전정복 문장

01	Whose kite is this?	• kite 연 • jump rope 줄넘기 줄 • purse 지갑 • balloon 풍선 • backpack 배낭
02	Can you kick the ball?	• kick (발로) 차다 • hit (공을) 치다 • throw 던지다 • catch 잡다 • pass 건네주다, 패스하다
03	I am in the bedroom.	• bedroom 침실 • living room 거실 • bathroom 화장실, 욕실 • kitchen 부엌 • dining room 식당
04	There is a stove in the kitchen.	• stove 가스레인지 • sink 싱크대, 개수대 • oven 오븐 • pan 팬, 프라이팬 • pot 냄비
05	Where is the hotel?	• hotel 호텔 • museum 박물관 • bookstore 서점 • theater 극장, 영화관 • department store 백화점
06	It's beside my house.	• beside ~ 옆에 • in front of ~ 앞에 • behind ~ 뒤에 • across from ~ 맞은편에 • between ~ 사이에
07	My shoes are clean.	• clean 깨끗한 • dirty 더러운 • dry 마른 • wet 젖은 • cheap (값이) 싼 • expensive (값이) 비싼
08	Which way is east?	• east 동쪽 • west 서쪽 • south 남쪽 • north 북쪽
09	I am from Korea.	• Korea 한국 • China 중국 • Japan 일본 • the U.S.A. 미국 • Canada 캐나다
10	This is a Korean flag.	• Korean 한국의, 한국어 • Chinese 중국의, 중국어 • Japanese 일본의, 일본어 • American 미국의 • Canadian 캐나다의 • flag 깃발
11	My favorite subject is English.	• English 영어 • math 수학 • science 과학 • subject 과목 • favorite 가장 좋아하는
12	Mary is a smart girl.	• smart 똑똑한 • kind 친절한 • shy 수줍음이 많은 • honest 정직한 • brave 용감한
13	I want to be a chef.	• chef 요리사, 주방장 • painter 화가 • firefighter 소방관 • police officer 경찰관 • vet 수의사
14	It smells good.	• smell 냄새가 나다 • sound 들리다 • taste 맛이 나다 • feel 느끼다 • look 보이다
15	Do you like hippos?	• hippo 하마 • parrot 앵무새 • kangaroo 캥거루 • penguin 펭귄 • cheetah 치타 • animal 동물
16	The building is very big.	• building 건물, 빌딩 • tower 탑, 타워 • bridge 다리 • palace 궁, 궁전 • street 거리, 길
17	Can you turn on the computer?	• computer 컴퓨터 • television 텔레비전 • radio 라디오 • light 전등, 불빛 • smartphone 스마트폰 • turn on (전자기기 등을) 켜다 • turn off (전자기기 등을) 끄다
18	Let's go bowling.	• bowling 볼링 • surfing 서핑, 파도타기 • in-line skating 인라인 스케이트 타기 • cycling 사이클링, 자전거 타기 • snowboarding 스노보드 타기
19	This pumpkin is fresh.	• pumpkin 호박 • cucumber 오이 • cabbage 양배추 • garlic 마늘 • vegetable 채소 • fresh 신선한
20	I want to make a kite.	• make 만들다 • grow 키우다, 재배하다 • learn 배우다 • win 이기다 • collect 수집하다, 모으다 • game 게임 • sticker 스티커

01	Do you like art class?	• art 미술, 예술 • music 음악 • P.E. 체육 • history 역사 • social studies 사회 • class 수업, 반
02	I will call Sam tonight.	• call 전화하다 • meet 만나다 • visit 방문하다 • help 돕다, 도와주다 • join 함께하다 • tonight 오늘밤
03	I'm going to travel to France.	• France 프랑스 • Germany 독일 • Spain 스페인 • Italy 이탈리아 • the U.K. 영국 • travel 여행하다
04	Can you speak French?	• French 불어, 프랑스의 • German 독일어, 독일의 • Spanish 스페인어, 스페인의 • Italian 이탈리아어, 이탈리아의 • speak 말하다
05	How was your trip?	• trip 여행 • vacation 방학 • holiday 휴일, 명절 • concert 공연, 연주회 • movie 영화
06	A dish is on the table.	• dish 접시 • fork 포크 • knife 칼 • spoon 숟가락 • chopsticks 젓가락
07	Is the man strong?	• strong 강한, 힘센 • weak 약한 • fast 빠른 • slow 느린 • rich 부유한 • poor 가난한
08	He is wearing a ring.	• ring 반지 • necklace 목걸이 • earring 귀걸이 • belt 허리띠, 벨트 • wear 착용하다
09	There is a king in the castle.	• king 왕, 국왕 • queen 여왕, 왕비 • prince 왕자 • princess 공주 • castle 성, 궁궐
10	Add some salt.	• salt 소금 • pepper 후추 • sugar 설탕 • oil 기름, 식용유 • sauce 소스, 양념 • add 더하다, 첨가하다
11	I have homework.	• homework 숙제 • question 질문 • test 시험 • quiz 퀴즈, 간단한 시험 • presentation 발표
12	May I borrow your pencil?	• borrow 빌리다 • use 사용하다 • try on (한번) 입어보다 • ask 묻다, 질문하다 • answer 대답하다
13	Eggs are good for your brain.	• brain 뇌, 두뇌 • heart 심장 • bone 뼈 • skin 피부 • body 몸, 신체
14	Be careful!	• careful 조심스러운, 주의 깊은 • quiet 조용한 • patient 참을성[인내심]이 있는 • ready 준비된 • polite 공손한, 예의 바른
15	We can see a hill there.	• hill 언덕 • mountain 산 • field 들판 • desert 사막 • forest 숲
16	We went to the lake.	• lake 호수 • river 강 • sea 바다 • beach 해변, 바닷가 • island 섬 • ocean 바다, 대양
17	Many people live in the town.	• town 소도시, 읍 • city 도시 • country 나라, 국가 • world 세계, 세상 • people 사람들 • live 살다, 생활하다
18	She was excited.	• excited 흥분한, 신이 난 • worried 걱정하는 • surprised 놀란 • scared 두려워하는 • shocked 충격을 받은
19	My dream is to be a musician.	• musician 뮤지션, 음악가 • comedian 코미디언, 희극배우 • announcer 아나운서, 해설자 • photographer 사진사 • movie director 영화감독
20	I'm fixing the bike now.	• fix 고치다, 수선하다 • wash 씻다, 세탁하다 • carry 운반하다, 나르다 • move 옮기다 • bake (빵을) 굽다

6A 단어 수: 108개

01	I like spring the most.	• spring 봄 • summer 여름 • fall 가을 • winter 겨울 • season 계절
02	Is this mango delicious?	• mango 망고 • pineapple 파인애플 • watermelon 수박 • plum 자두 • fruit 과일 • delicious 맛있는
03	I'd like pasta, please.	• pasta 파스타 • noodles 국수 • sandwich 샌드위치 • French fries 감자튀김 • fried rice 볶음밥 • order 주문하다
04	My friend Roy is so healthy.	• healthy 건강한 • calm 차분한 • popular 인기 있는 • lucky 운이 좋은 • funny 재미있는
05	He lives in Mexico.	• Mexico 멕시코 • India 인도 • Vietnam 베트남 • Egypt 이집트 • Australia 호주
06	Are you Mexican?	• Mexican 멕시코인(의) • Indian 인도인(의) • Vietnamese 베트남인(의) • Egyptian 이집트인(의) • Australian 호주인(의)
07	My elbow hurts.	• elbow 팔꿈치 • back 등 • knee 무릎 • ankle 발목 • hurt 아프다
08	Its shape is a circle.	• circle 원, 동그라미 • square 정사각형 • triangle 삼각형 • rectangle 직사각형 • oval 타원 • shape 모양
09	I'm in the sixth grade.	• first 첫 번째의 • second 두 번째의 • third 세 번째의 • fourth 네 번째의 • fifth 다섯 번째의 • sixth 여섯 번째의 • grade 학년
10	It's on the seventh floor.	• seventh 일곱 번째의 • eighth 여덟 번째의 • ninth 아홉 번째의 • tenth 열 번째의 • hundredth 백 번째의 • floor 층
11	How can I get to the gym?	• gym 체육관 • restaurant 음식점, 식당 • supermarket 슈퍼마켓 • airport 공항 • city hall 시청
12	Go straight.	• straight 곧장, 직진하여 • right 오른쪽으로 • left 왼쪽으로 • turn 돌다, 회전하다 • block 블록, 구역
13	Do you believe him?	• believe 믿다 • hate 싫어하다 • miss 그리워하다 • understand 이해하다 • remember 기억하다
14	I love your boots.	• boots 부츠 • sneakers 운동화 • blouse 블라우스 • sweater 스웨터 • vest 조끼 • clothes 의류
15	I go swimming on weekdays.	• weekday 평일 • weekend 주말 • today 오늘 • yesterday 어제 • tomorrow 내일
16	That's easy.	• easy 쉬운 • difficult 어려운 • right 맞은, 옳은 • wrong 틀린, 잘못된 • great 대단한, 훌륭한 • important 중요한
17	My birthday is in January.	• January 1월 • February 2월 • March 3월 • April 4월 • May 5월 • June 6월
18	My dad's birthday is in July.	• July 7월 • August 8월 • September 9월 • October 10월 • November 11월 • December 12월
19	How often do you watch TV?	• watch 보다 • exercise 운동하다 • feed 먹이를 주다 • ride 타다 • practice 연습하다
20	I always watch TV.	• always 항상, 언제나 • usually 보통 • often 종종, 자주 • sometimes 이따금 • never 거의 ~않는

01	My dad is a **soldier**.	• soldier 군인 • astronaut 우주비행사 • lawyer 변호사 • engineer 기사, 기술자 • businessman 사업가
02	I'm writing a **letter**.	• letter 편지 • e-mail 전자우편 • story 이야기 • report 보고서 • diary 일기장, 일기
03	When is the **school festival**?	• school festival 학교 축제 • field trip 현장 학습 • New Year's Day 설날, 새해 첫 날 • Children's Day 어린이날 • Christmas 성탄절
04	The school festival is April **eleventh**.	• eleventh 열한 번째 • twelfth 열두 번째 • thirteenth 열세 번째 • twentieth 스무 번째 • twenty-first 스물한 번째
05	You should wear a **helmet**.	• helmet 안전모, 헬멧 • seat belt 안전벨트 • life jacket 구명조끼 • sunglasses 선글라스 • mask 마스크
06	You have a **headache**.	• headache 두통 • stomachache 복통 • toothache 치통 • runny nose 콧물 • fever 열
07	He has **curly** hair.	• curly 곱슬곱슬한 • straight 곧은, 곧게 뻗은 • blond 금발의 • wavy 물결모양의 • thick 숱이 많은 • hair 머리카락, (동물의) 털
08	How **heavy**!	• heavy 무거운 • deep 깊은 • soft 부드러운 • nice 좋은, 즐거운 • dark 어두운 • wonderful 훌륭한, 멋진
09	**Mars** is bigger than **Mercury**.	• Mercury 수성 • Venus 금성 • Earth 지구 • Mars 화성 • Jupiter 목성 • Saturn 토성 • space 우주
10	Is there a **towel** in the bathroom?	• towel 수건 • toothbrush 칫솔 • toothpaste 치약 • soap 비누 • shampoo 샴푸
11	Korea is in **Asia**.	• America 아메리카 • Europe 유럽 • Asia 아시아 • Africa 아프리카 • Oceania 오세아니아
12	I think it is **interesting**.	• interesting 재미있는 • boring 지루한 • dangerous 위험한 • safe 안전한 • different 다른 • think 생각하다
13	We need a new **refrigerator**.	• refrigerator 냉장고 • vacuum cleaner 진공청소기 • washing machine 세탁기 • microwave 전자레인지
14	We'll **stay** here.	• stay 머무르다 • leave 떠나다 • wait 기다리다 • return 돌아오다, 돌아가다 • arrive 도착하다
15	**Give** me a towel.	• give 주다 • show 보여주다 • teach 가르쳐주다 • tell 말해주다
16	The woman is a **friendly** vet.	• friendly 다정한 • clever 재치 있는, 영리한 • famous 유명한 • diligent 부지런한 • lazy 게으른
17	I enjoy eating **sweet** food.	• sweet 단, 달콤한 • salty 짠, 짭짤한 • spicy 매운, 매콤한 • sour 신, 시큼한 • bitter 쓴, 씁쓸한
18	**Shark**s live in the sea.	• shark 상어 • octopus 문어 • whale 고래 • starfish 불가사리 • dolphin 돌고래
19	Don't forget to **lock** the door.	• forget 잊다 • lock 잠그다 • send 보내다 • bring 가져오다 • take 가져가다 • finish 끝마치다
20	We should **recycle** bottles.	• recycle 재활용하다 • save 절약하다 • energy 에너지 • reuse 재사용하다 • pick up 줍다 • trash 쓰레기

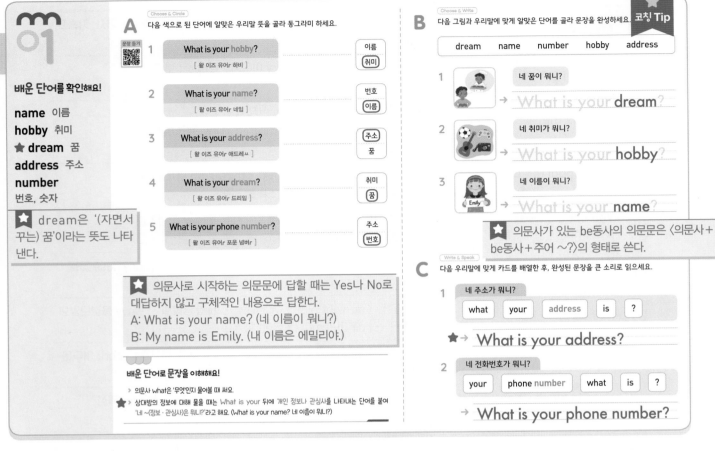

01

배운 단어를 확인해요!

name 이름
hobby 취미
★ **dream** 꿈
address 주소
number 번호, 숫자

★ dream은 '(자면서 꾸는) 꿈'이라는 뜻도 나타낸다.

A (Choose & Circle)
다음 색으로 된 단어에 알맞은 우리말 뜻을 골라 동그라미 하세요.

1 What is your hobby?
[왓 이즈 유어r 하비]
이름 / **취미**

2 What is your name?
[왓 이즈 유어 네임]
번호 / **이름**

3 What is your address?
[왓 이즈 유어r 애드레쓰]
주소 / 꿈

4 What is your dream?
[왓 이즈 유어 드리임]
취미 / **꿈**

5 What is your phone number?
[왓 이즈 유어r 포운 넘바]
주소 / **번호**

★ 의문사로 시작하는 의문문에 답할 때는 Yes나 No로 대답하지 않고 구체적인 내용으로 답한다.
A: What is your name? (네 이름이 뭐니?)
B: My name is Emily. (내 이름은 에밀리야.)

배운 단어로 문장을 이해해요!
› 의문사 what은 '무엇인지 물어볼 때 써요.
★ › 상대방의 정보에 대해 물을 때는 What is your 뒤에 개인 정보나 관심사를 나타내는 단어를 붙여 '네 ~(정보·관심사)은 뭐니?'라고 해요. (What is your name? 네 이름이 뭐니?)

B (Choose & Write) ★코칭 Tip
다음 그림과 우리말에 맞게 알맞은 단어를 골라 문장을 완성하세요.

dream | name | number | hobby | address

1 네 꿈이 뭐니?
→ What is your **dream**?

2 네 취미가 뭐니?
→ What is your **hobby**?

3 네 이름이 뭐니?
→ What is your **name**?

★ 의문사가 있는 be동사의 의문문은 〈의문사+be동사+주어 ~?〉의 형태로 쓴다.

C (Write & Speak)
다음 우리말에 맞게 카드를 배열한 후, 완성된 문장을 큰 소리로 읽으세요.

1 네 주소가 뭐니?
what | your | address | is | ?
★→ What is your address?

2 네 전화번호가 뭐니?
your | phone number | what | is | ?
→ What is your phone number?

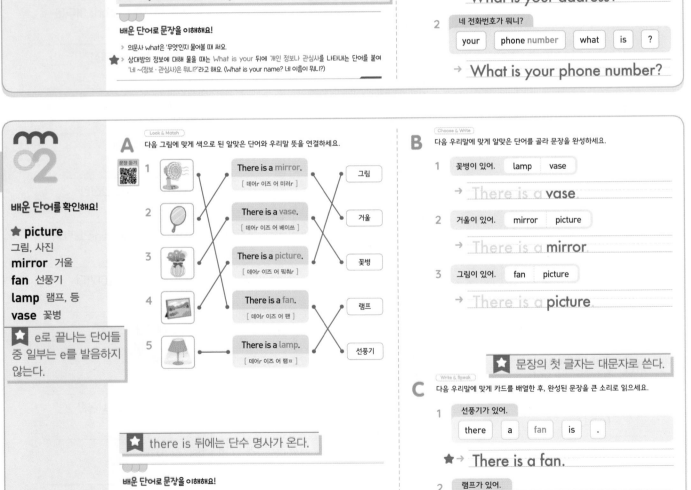

02

배운 단어를 확인해요!

★ **picture**
그림, 사진
mirror 거울
fan 선풍기
lamp 램프, 등
vase 꽃병

★ e로 끝나는 단어들 중 일부는 e를 발음하지 않는다.

A (Look & Match)
다음 그림에 맞게 색으로 된 알맞은 단어와 우리말 뜻을 연결하세요.

1 There is a mirror.
[데어r 이즈 어 미러r]

2 There is a vase.
[데어r 이즈 어 베이쓰]

3 There is a picture.
[데어r 이즈 어 픽춰r]

4 There is a fan.
[데어r 이즈 어 팬]

5 There is a lamp.
[데어r 이즈 어 램ㅍ]

그림 / 거울 / 꽃병 / 램프 / 선풍기

★ there is 뒤에는 단수 명사가 온다.

배운 단어로 문장을 이해해요!
★ › there is ~는 '~이 있다'라는 뜻이에요.
› 물건 하나를 말할 때는 물건 앞에 a를 써요.
› '~(물건)이 있어.'라고 말할 때는 There is 뒤에 물건을 나타내는 단어를 붙여 표현해요.
(There is a picture. 그림이 있어.)

B (Choose & Write)
다음 우리말에 맞게 알맞은 단어를 골라 문장을 완성하세요.

1 꽃병이 있어. lamp / vase
→ There is a **vase**.

2 거울이 있어. mirror / picture
→ There is a **mirror**.

3 그림이 있어. fan / picture
→ There is a **picture**.

★ 문장의 첫 글자는 대문자로 쓴다.

C (Write & Speak)
다음 우리말에 맞게 카드를 배열한 후, 완성된 문장을 큰 소리로 읽으세요.

1 선풍기가 있어.
there | a | fan | is | .
★→ There is a fan.

2 램프가 있어.
a | lamp | is | there | .
→ There is a lamp.

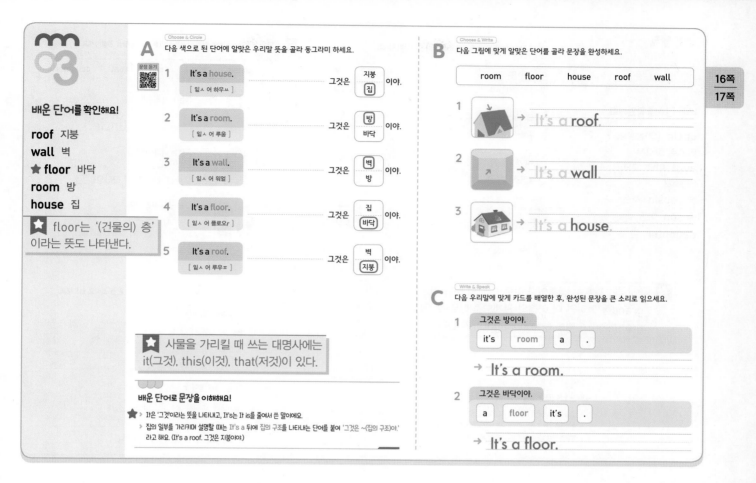

03

배운 단어를 확인해요!

roof 지붕
wall 벽
★ floor 바닥
room 방
house 집

★ floor는 '(건물의) 층'
이라는 뜻도 나타낸다.

A
(Choose & Circle)
다음 색으로 된 단어에 알맞은 우리말 뜻을 골라 동그라미 하세요.

1 It's a house.
[잍ㅅ 어 하우ㅆ]
그것은 [지붕 / **집**] 이야.

2 It's a room.
[잍ㅅ 어 루움]
그것은 [**방** / 바닥] 이야.

3 It's a wall.
[잍ㅅ 어 워얼]
그것은 [**벽** / 방] 이야.

4 It's a floor.
[잍ㅅ 어 플로오r]
그것은 [집 / **바닥**] 이야.

5 It's a roof.
[잍ㅅ 어 루우ㅍ]
그것은 [벽 / **지붕**] 이야.

★ 사물을 가리킬 때 쓰는 대명사에는
it(그것), this(이것), that(저것)이 있다.

배운 단어로 문장을 이해해요!

★ It은 '그것'이라는 뜻을 나타내고, It's It is를 줄여서 쓴 말이에요.
▷ 집의 일부를 가리키며 설명할 때는 It's a 뒤에 집의 구조를 나타내는 단어를 붙여 '그것은 ~(집의 구조)야.'
라고 해요. (It's a roof. 그것은 지붕이야.)

B
(Choose & Write)
다음 그림에 맞게 알맞은 단어를 골라 문장을 완성하세요.

| room | floor | house | roof | wall |

1 → It's a roof.

2 → It's a wall.

3 → It's a house.

C
(Write & Speak)
다음 우리말에 맞게 카드를 배열한 후, 완성된 문장을 큰 소리로 읽으세요.

1 그것은 방이야.
| it's | room | a | . |
→ It's a room.

2 그것은 바닥이야.
| a | floor | it's | . |
→ It's a floor.

16쪽
17쪽

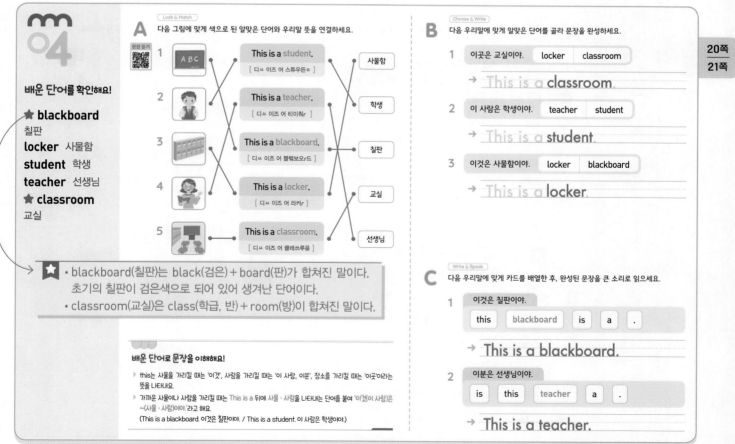

04

배운 단어를 확인해요!

★ blackboard
칠판
locker 사물함
student 학생
teacher 선생님
★ classroom
교실

A
(Look & Match)
다음 그림에 맞게 색으로 된 알맞은 단어와 우리말 뜻을 연결하세요.

1 This is a student.
[디ㅆ 이즈 어 스튜우든ㅌ]
· 사물함

2 This is a teacher.
[디ㅆ 이즈 어 티이춰r]
· 학생

3 This is a blackboard.
[디ㅆ 이즈 어 블랙보오r드]
· 칠판

4 This is a locker.
[디ㅆ 이즈 어 라커r]
· 교실

5 This is a classroom.
[디ㅆ 이즈 어 클래쓰루움]
· 선생님

★ • blackboard(칠판)는 black(검은) + board(판)가 합쳐진 말이다.
초기의 칠판이 검은색으로 되어 있어 생겨난 단어이다.
• classroom(교실)은 class(학급, 반) + room(방)이 합쳐진 말이다.

배운 단어로 문장을 이해해요!

▷ this는 사물을 가리킬 때는 '이것', 사람을 가리킬 때는 '이 사람, 이분', 장소를 가리킬 때는 '이곳'이라는
뜻을 나타내요.
▷ 가까운 사물이나 사람을 가리킬 때는 This is a 뒤에 사물·사람을 나타내는 단어를 붙여 '이것(이 사람)은
~(사물·사람)이야.'라고 해요.
(This is a blackboard. 이것은 칠판이야. / This is a student. 이 사람은 학생이야.)

B
(Choose & Write)
다음 우리말에 맞게 알맞은 단어를 골라 문장을 완성하세요.

1 이곳은 교실이야. [locker / **classroom**]
→ This is a classroom.

2 이 사람은 학생이야. [teacher / **student**]
→ This is a student.

3 이것은 사물함이야. [**locker** / blackboard]
→ This is a locker.

C
(Write & Speak)
다음 우리말에 맞게 카드를 배열한 후, 완성된 문장을 큰 소리로 읽으세요.

1 이것은 칠판이야.
| this | blackboard | is | a | . |
→ This is a blackboard.

2 이분은 선생님이야.
| is | this | teacher | a | . |
→ This is a teacher.

20쪽
21쪽

mm 05

배운 단어를 확인해요!

uncle (외)삼촌, 이모부, 고모부
aunt 이모, 고모, (외)숙모
★ **cousin** 사촌
★ **son** 아들
daughter 딸

★ • cousin(사촌)은 삼촌이나 이모, 고모의 아들이나 딸을 가리킨다.
• grand를 붙이면 더 아래의 관계도 나타낼 수 있으므로, 손자는 grandson, 손녀는 granddaughter가 된다.

👐 배운 단어로 문장을 이해해요!

> '그(그녀)는 나의 ~(가족)이야.'라고 가족을 소개할 때는 He(She) is my 뒤에 가족을 나타내는 단어를 붙여 표현해요. (He is my uncle. 그는 나의 삼촌이야. / She is my aunt. 그녀는 나의 이모야.)
> 성별에 따라 남자는 he(그)로, 여자는 she(그녀)로 쓰는 것에 주의하세요!

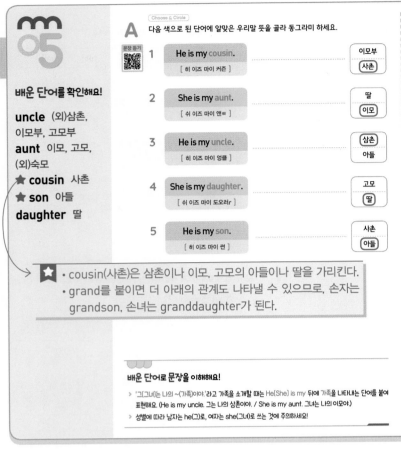

(Choose & Circle)

A 다음 색으로 된 단어에 알맞은 우리말 뜻을 골라 동그라미 하세요.

문장 듣기

1 He is my cousin.
[히 이즈 마이 커즌]
이모부 / (사촌)

2 She is my aunt.
[쉬 이즈 마이 앤트]
딸 / 이모

3 He is my uncle.
[히 이즈 마이 엉클]
삼촌 / 아들

4 She is my daughter.
[쉬 이즈 마이 도오러r]
고모 / 딸

5 He is my son.
[히 이즈 마이 썬]
사촌 / 아들

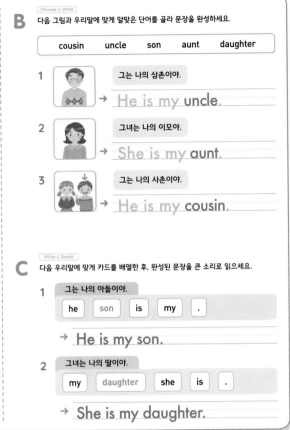

(Choose & Write)

B 다음 그림과 우리말에 맞게 알맞은 단어를 골라 문장을 완성하세요.

| cousin | uncle | son | aunt | daughter |

1 그는 나의 삼촌이야.
→ He is my uncle.

2 그녀는 나의 이모야.
→ She is my aunt.

3 그는 나의 사촌이야.
→ He is my cousin.

(Write & Speak)

C 다음 우리말에 맞게 카드를 배열한 후, 완성된 문장을 큰 소리로 읽으세요.

1 그는 나의 아들이야.
| he | son | is | my | . |
→ He is my son.

2 그녀는 나의 딸이야.
| my | daughter | she | is | . |
→ She is my daughter.

Review 01 - 05

A 다음 우리말 뜻에 알맞은 단어를 찾아 동그라미 한 후, 빈칸에 쓰세요.

t hobby b aunt m r floor v s cousin o
v vase l n dream e s locker u i daughter

1 취미 — hobby
2 이모, 고모 — aunt
3 바닥 — floor
4 사촌 — cousin
5 꽃병 — vase
6 꿈 — dream
7 사물함 — locker
8 딸 — daughter

★ 4. 네 취미(→ 이름)가 뭐니?
5. 거울(→ 그림)이 있어.

B 다음 영어 문장의 우리말 뜻이 맞으면 ○표, 틀리면 X표 하세요.

1 It's a roof. — 그것은 지붕이야. ○
2 This is a blackboard. — 이것은 칠판이야. ○
3 He is my uncle. — 그는 나의 삼촌이야. ○
★ 4 What is your name? — 네 취미가 뭐니? X
★ 5 There is a picture. — 거울이 있어. X

(Let's Play)

C 다음 그림에 맞게 알맞은 단어로 빈칸을 채워 퍼즐을 완성하세요.

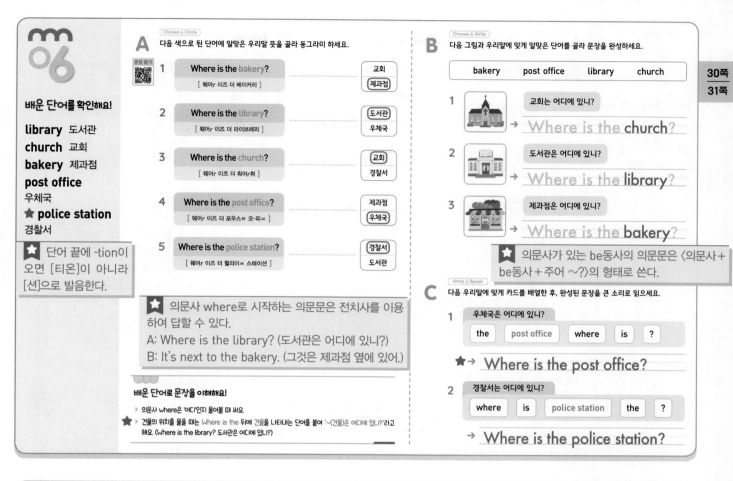

06

배운 단어를 확인해요!

library 도서관
church 교회
bakery 제과점
post office
우체국
★ **police station**
경찰서

⭐ 단어 끝에 -tion이
오면 [티온]이 아니라
[션]으로 발음한다.

A (Choose & Circle)
다음 색으로 된 단어에 알맞은 우리말 뜻을 골라 동그라미 하세요.

1 Where is the bakery?
[웨어r 이즈 더 베이커리]
교회 / **제과점**

2 Where is the library?
[웨어r 이즈 더 라이브레리]
도서관 / 우체국

3 Where is the church?
[웨어r 이즈 더 춰어r취]
교회 / 경찰서

4 Where is the post office?
[웨어r 이즈 더 포우스트 오-피씨]
제과점 / **우체국**

5 Where is the police station?
[웨어r 이즈 더 펄리이쓰 스테이션]
경찰서 / 도서관

⭐ 의문사 where로 시작하는 의문문은 전치사를 이용
하여 답할 수 있다.
A: Where is the library? (도서관은 어디에 있니?)
B: It's next to the bakery. (그것은 제과점 옆에 있어.)

배운 단어로 문장을 이해해요!

› 의문사 where은 '어디'인지 물어볼 때 써요.
★ › 건물의 위치를 물을 때는 Where is 뒤에 건물을 나타내는 단어를 붙여 '~(건물)은 어디에 있니?'라고
해요. (Where is the library? 도서관은 어디에 있니?)

B (Choose & Write)
다음 그림과 우리말에 맞게 알맞은 단어를 골라 문장을 완성하세요.

| bakery | post office | library | church |

1 교회는 어디에 있니?
→ Where is the **church**?

2 도서관은 어디에 있니?
→ Where is the **library**?

3 제과점은 어디에 있니?
→ Where is the **bakery**?

⭐ 의문사가 있는 be동사의 의문문은 〈의문사 +
be동사 + 주어 ~?〉의 형태로 쓴다.

C (Write & Speak)
다음 우리말에 맞게 카드를 배열한 후, 완성된 문장을 큰 소리로 읽으세요.

1 우체국은 어디에 있니?
[the] [post office] [where] [is] [?]
★→ Where is the post office?

2 경찰서는 어디에 있니?
[where] [is] [police station] [the] [?]
→ Where is the police station?

30쪽
31쪽

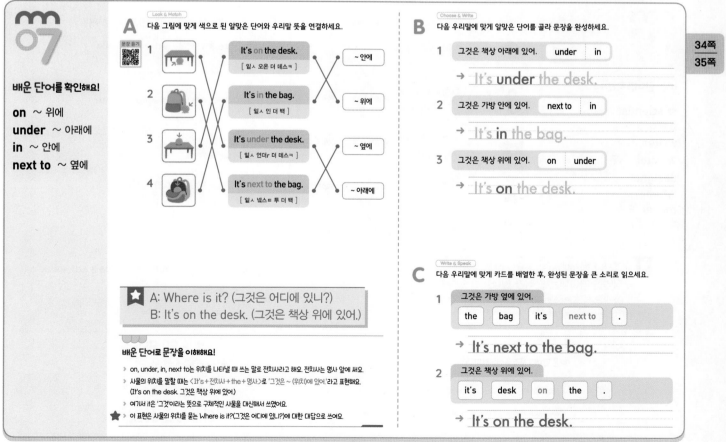

07

배운 단어를 확인해요!

on ~ 위에
under ~ 아래에
in ~ 안에
next to ~ 옆에

A (Look & Match)
다음 그림에 맞게 색으로 된 알맞은 단어와 우리말 뜻을 연결하세요.

1 It's on the desk.
[잇츠 온 더 데스크]

2 It's in the bag.
[잇츠 인 더 백]

3 It's under the desk.
[잇츠 언더 더 데스크]

4 It's next to the bag.
[잇츠 넥스트 투 더 백]

~ 안에
~ 위에
~ 옆에
~ 아래에

⭐ A: Where is it? (그것은 어디에 있니?)
B: It's on the desk. (그것은 책상 위에 있어.)

배운 단어로 문장을 이해해요!

› on, under, in, next to는 위치를 나타낼 때 쓰는 말로 전치사라고 해요. 전치사는 명사 앞에 써요.
› 사물의 위치를 말할 때는 〈It's + 전치사 + the + 명사〉로 '그것은 ~ (위치)에 있어.'라고 표현해요.
(It's on the desk. 그것은 책상 위에 있어.)
› 여기서 it은 '그것'이라는 뜻으로 구체적인 사물을 대신해서 썼어요.
★ › 이 표현은 사물의 위치를 묻는 Where is it?(그것은 어디에 있니?)에 대한 대답으로 쓰여요.

B (Choose & Write)
다음 우리말에 맞게 알맞은 단어를 골라 문장을 완성하세요.

1 그것은 책상 아래에 있어. [under] in
→ It's **under** the desk.

2 그것은 가방 안에 있어. next to [in]
→ It's **in** the bag.

3 그것은 책상 위에 있어. [on] under
→ It's **on** the desk.

C (Write & Speak)
다음 우리말에 맞게 카드를 배열한 후, 완성된 문장을 큰 소리로 읽으세요.

1 그것은 가방 옆에 있어.
[the] [bag] [it's] [next to] [.]
→ It's next to the bag.

2 그것은 책상 위에 있어.
[it's] [desk] [on] [the] [.]
→ It's on the desk.

34쪽
35쪽

08

배운 단어를 확인해요!

ant 개미
bee 벌
spider 거미
butterfly 나비
bug 벌레,
작은 곤충

A Choose & Circle
다음 색으로 된 단어에 알맞은 우리말 뜻을 골라 동그라미 하세요.

1 I don't like ants.
[아이 도운트 라이크 앤츠]
나는 [개미 / 거미]를 좋아하지 않아.

2 I don't like bees.
[아이 도운트 라이크 비이즈]
나는 [벌레 / 벌]을[를] 좋아하지 않아.

3 I don't like spiders.
[아이 도운트 라이크 스파이더r즈]
나는 [거미 / 나비]를 좋아하지 않아.

4 I don't like bugs.
[아이 도운트 라이크 버그즈]
나는 [개미 / 벌레]를 좋아하지 않아.

5 ★ I don't like butterflies.
[아이 도운트 라이크 버러r폴라이즈]
나는 [벌 / 나비]을[를] 좋아하지 않아.

★ y로 끝나는 단어는 y를 i로 고치고 -es를 붙여 복수형을 만든다.

배운 단어로 문장을 이해해요!

› 동사(like) 앞에 don't[do not]를 붙이면 '~하지 않다'라는 부정의 뜻을 나타내요.
› '나는 ~(곤충)을 좋아하지 않아.'라고 싫어하는 곤충을 말할 때는 I don't like 뒤에 곤충을 나타내는 단어의 복수형을 붙여 표현해요. (I don't like ants. 나는 개미를 좋아하지 않아.)
› 이때는 일반적인 곤충을 통틀어 말하기 때문에 단어 끝에 -s를 붙여 복수형으로 써요.

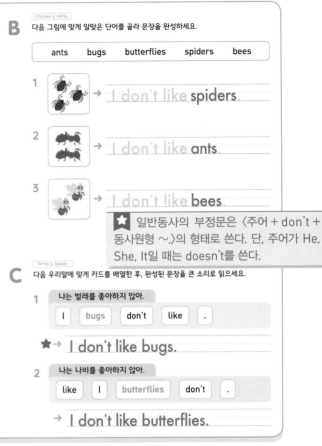

B Choose & Write
다음 그림에 맞게 알맞은 단어를 골라 문장을 완성하세요.

| ants | bugs | butterflies | spiders | bees |

1 → I don't like spiders.

2 → I don't like ants.

3 → I don't like bees.

★ 일반동사의 부정문은 〈주어 + don't + 동사원형 ~.〉의 형태로 쓴다. 단, 주어가 He, She, It일 때는 doesn't를 쓴다.

C Write & Speak
다음 우리말에 맞게 카드를 배열한 후, 완성된 문장을 큰 소리로 읽으세요.

1 나는 벌레를 좋아하지 않아.
| I | bugs | don't | like | . |
★→ I don't like bugs.

2 나는 나비를 좋아하지 않아.
| like | I | butterflies | don't | . |
→ I don't like butterflies.

09

배운 단어를 확인해요!

★ scientist
과학자
writer 작가
★ actor 배우
designer
디자이너
model 모델

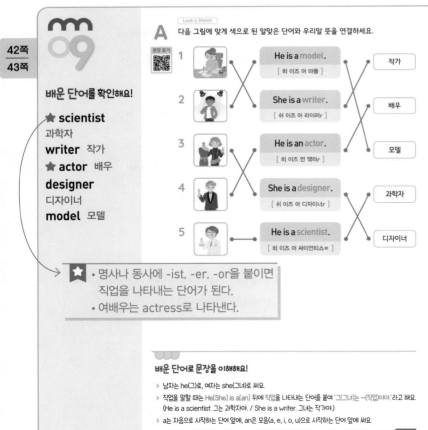

A Look & Match
다음 그림에 맞게 색으로 된 알맞은 단어와 우리말 뜻을 연결하세요.

1 He is a model.
[히 이즈 어 마들]

2 She is a writer.
[쉬 이즈 어 라이러r]

3 He is an actor.
[히 이즈 언 앸터r]

4 She is a designer.
[쉬 이즈 어 디자이너r]

5 He is a scientist.
[히 이즈 어 싸이언티스트]

작가
배우
모델
과학자
디자이너

★ • 명사나 동사에 -ist, -er, -or을 붙이면 직업을 나타내는 단어가 된다.
• 여배우는 actress로 나타낸다.

배운 단어로 문장을 이해해요!

› 남자는 he(그)로, 여자는 she(그녀)로 써요.
› 직업을 말할 때는 He[She] is a[an] 뒤에 직업을 나타내는 단어를 붙여 '그[그녀]는 ~(직업)이야.'라고 해요. (He is a scientist. 그는 과학자야. / She is a writer. 그녀는 작가야.)
› a는 자음으로 시작하는 단어 앞에, an은 모음(a, e, i, o, u)으로 시작하는 단어 앞에 써요.

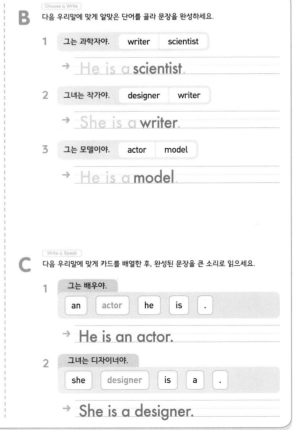

B Choose & Write
다음 우리말에 맞게 알맞은 단어를 골라 문장을 완성하세요.

1 그는 과학자야. | writer | scientist |
→ He is a scientist.

2 그녀는 작가야. | designer | writer |
→ She is a writer.

3 그는 모델이야. | actor | model |
→ He is a model.

C Write & Speak
다음 우리말에 맞게 카드를 배열한 후, 완성된 문장을 큰 소리로 읽으세요.

1 그는 배우야.
| an | actor | he | is | . |
→ He is an actor.

2 그녀는 디자이너야.
| she | designer | is | a | . |
→ She is a designer.

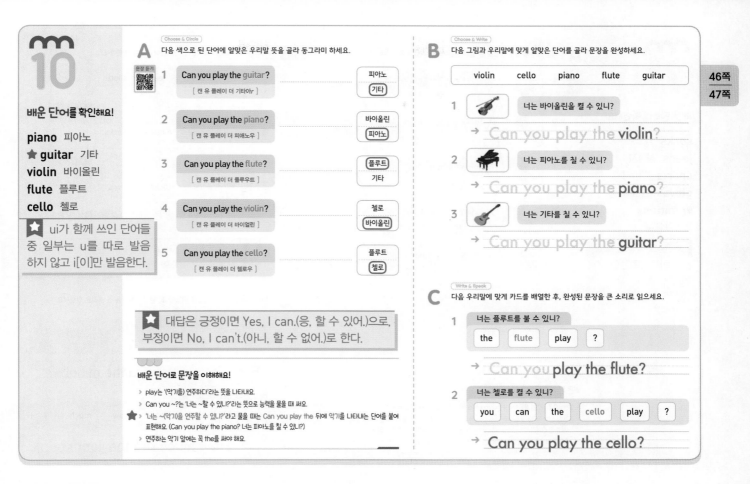

10

배운 단어를 확인해요!

piano 피아노
★ guitar 기타
violin 바이올린
flute 플루트
cello 첼로

★ ui가 함께 쓰인 단어들 중 일부는 u를 따로 발음하지 않고 i[이]만 발음한다.

A Choose & Circle
다음 색으로 된 단어에 알맞은 우리말 뜻을 골라 동그라미 하세요.

문장 듣기

1 Can you play the guitar?
[캔 유 플레이 더 기타r]
피아노 / ⓐ기타

2 Can you play the piano?
[캔 유 플레이 더 피애노우]
바이올린 / ⓐ피아노

3 Can you play the flute?
[캔 유 플레이 더 플루트]
ⓐ플루트 / 기타

4 Can you play the violin?
[캔 유 플레이 더 바이얼린]
첼로 / ⓐ바이올린

5 Can you play the cello?
[캔 유 플레이 더 첼로우]
플루트 / ⓐ첼로

★ 대답은 긍정이면 Yes, I can.(응, 할 수 있어.)으로, 부정이면 No, I can't.(아니, 할 수 없어.)로 한다.

배운 단어로 문장을 이해해요!

> play는 '(악기를) 연주하다'라는 뜻을 나타내요.
> Can you ~?는 '너는 ~할 수 있니?'라는 뜻으로 능력을 물을 때 써요.
★ '너는 ~(악기)를 연주할 수 있니?'라고 물을 때는 Can you play the 뒤에 악기를 나타내는 단어를 붙여 표현해요. (Can you play the piano? 너는 피아노를 칠 수 있니?)
> 연주하는 악기 앞에는 꼭 the를 써야 해요.

B Choose & Write
다음 그림과 우리말에 맞게 알맞은 단어를 골라 문장을 완성하세요.

| violin | cello | piano | flute | guitar |

46쪽
47쪽

1 너는 바이올린을 켤 수 있니?
→ Can you play the **violin**?

2 너는 피아노를 칠 수 있니?
→ Can you play the **piano**?

3 너는 기타를 칠 수 있니?
→ Can you play the **guitar**?

C Write & Speak
다음 우리말에 맞게 카드를 배열한 후, 완성된 문장을 큰 소리로 읽으세요.

1 너는 플루트를 불 수 있니?
| the | flute | play | ? |
→ Can you **play the flute**?

2 너는 첼로를 켤 수 있니?
| you | can | the | cello | play | ? |
→ Can you play the cello?

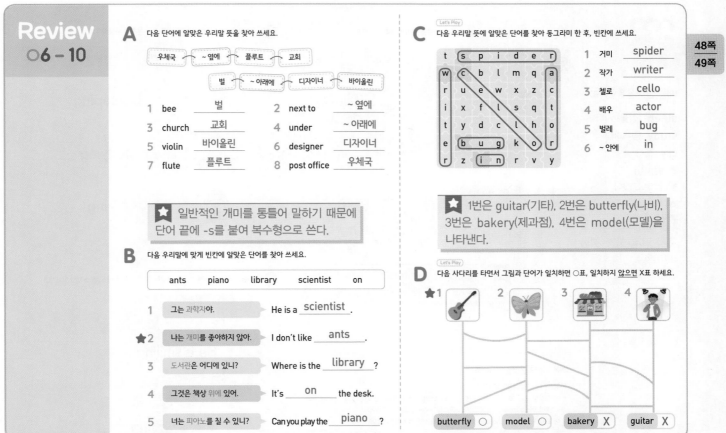

Review
○6 - 10

A 다음 단어에 알맞은 우리말 뜻을 찾아 쓰세요.

| 우체국 | ~ 옆에 | 플루트 | 교회 |
| 벌 | ~ 아래에 | 디자이너 | 바이올린 |

1 bee **벌**
2 next to **~ 옆에**
3 church **교회**
4 under **~ 아래에**
5 violin **바이올린**
6 designer **디자이너**
7 flute **플루트**
8 post office **우체국**

★ 일반적인 개미를 통틀어 말하기 때문에 단어 끝에 -s를 붙여 복수형으로 쓴다.

B 다음 우리말에 맞게 빈칸에 알맞은 단어를 찾아 쓰세요.

| ants | piano | library | scientist | on |

1 그는 과학자야. — He is a **scientist**.
★2 나는 개미를 좋아하지 않아. — I don't like **ants**.
3 도서관은 어디에 있니? — Where is the **library**?
4 그것은 책상 위에 있어. — It's **on** the desk.
5 너는 피아노를 칠 수 있니? — Can you play the **piano**?

C Let's Play
다음 우리말 뜻에 알맞은 단어를 찾아 동그라미 한 후, 빈칸에 쓰세요.

t	s	p	i	d	e	r
w	c	b	l	m	q	a
r	u	e	w	x	z	c
i	x	y	j	c	l	t
t	y	d	c	l	h	o
e	b	u	g	k	o	r
r	z	i	n	r	v	y

48쪽
49쪽

1 거미 **spider**
2 작가 **writer**
3 첼로 **cello**
4 배우 **actor**
5 벌레 **bug**
6 ~ 안에 **in**

★ 1번은 guitar(기타), 2번은 butterfly(나비), 3번은 bakery(제과점), 4번은 model(모델)을 나타낸다.

D Let's Play
다음 사다리를 타면서 그림과 단어가 일치하면 ○표, 일치하지 않으면 X표 하세요.

★1 2 3 4

butterfly ○ model ○ bakery X guitar X

115

11

배운 단어를 확인해요!

socks 양말
jeans 청바지
shorts 반바지
gloves 장갑
★ **mittens**
벙어리장갑

★ '손모아장갑'으로 순화하여 표현할 수 있다.

A Look & Match

다음 그림에 맞게 색으로 된 알맞은 단어와 우리말 뜻을 연결하세요.

문장 듣기

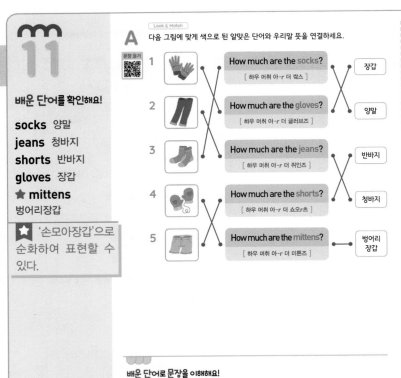

1 How much are the socks?
[하우 머취 아-r 더 싹스] — 장갑

2 How much are the gloves?
[하우 머취 아-r 더 글러브즈] — 양말

3 How much are the jeans?
[하우 머취 아-r 더 쥐인즈] — 반바지

4 How much are the shorts?
[하우 머취 아-r 더 쇼오r츠] — 청바지

5 How much are the mittens?
[하우 머취 아-r 더 미튼즈] — 벙어리장갑

배운 단어로 문장을 이해해요!

› 일반적으로 가격을 물을 때는 How much is it?(그것은 얼마니?)이라고 해요.
› 물건 한 쌍의 가격을 물을 때는 How much are 뒤에 물건 한 쌍을 나타내는 단어를 붙여 '~(물건 한 쌍)은 얼마니?'라고 해요. (How much are the socks? 그 양말은 얼마니?)
› 구체적인 대상을 가리킬 때는 단어 앞에 '그'라는 뜻의 the를 붙여요.

B Choose & Write

다음 우리말에 맞게 알맞은 단어를 골라 문장을 완성하세요.

1 그 반바지는 얼마니? [jeans | shorts]
→ How much are the **shorts**?

2 그 양말은 얼마니? [mittens | socks]
→ How much are the **socks**?

3 그 장갑은 얼마니? [socks | gloves]
→ How much are the **gloves**?

★ '~은 얼마니?'라고 묻는 의문문은 〈How much + be동사 + 주어 ~?〉의 형태로 쓴다.

C Write & Speak

다음 우리말에 맞게 카드를 배열한 후, 완성된 문장을 큰 소리로 읽으세요.

1 그 벙어리장갑은 얼마니?
[the | mittens | are | ?]
★→ How much **are the mittens**?

2 그 청바지는 얼마니?
[are | the | jeans | how | much | ?]
→ How much are the jeans?

12

배운 단어를 확인해요!

sleep (잠을) 자다
study 공부하다
cry 울다
★ **smile**
웃다, 미소 짓다
write 쓰다

★ smile은 소리를 내지 않고 웃는 것을 의미한다.

A Choose & Circle

다음 색으로 된 단어에 알맞은 우리말 뜻을 골라 동그라미 하세요.

문장 듣기

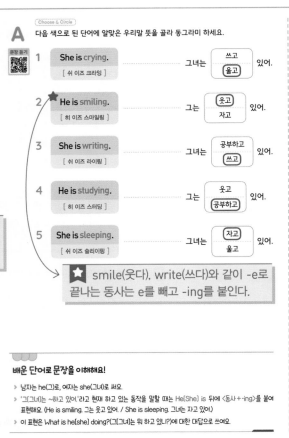

1 She is crying.
[쉬 이즈 크라잉] 그녀는 [쓰고 / (울고)] 있어.

2 ★ He is smiling.
[히 이즈 스마일링] 그는 [(웃고) / 자고] 있어.

3 She is writing.
[쉬 이즈 라이팅] 그녀는 [공부하고 / (쓰고)] 있어.

4 He is studying.
[히 이즈 스터딩] 그는 [웃고 / (공부하고)] 있어.

5 She is sleeping.
[쉬 이즈 슬리이핑] 그녀는 [(자고) / 울고] 있어.

★ smile(웃다), write(쓰다)와 같이 -e로 끝나는 동사는 e를 빼고 -ing를 붙인다.

배운 단어로 문장을 이해해요!

› 남자는 he(그)로, 여자는 she(그녀)로 써요.
› '그(그녀)는 ~하고 있어.'라고 현재 하고 있는 동작을 말할 때는 He[She] is 뒤에 〈동사+-ing〉를 붙여 표현해요. (He is smiling. 그는 웃고 있어. / She is sleeping. 그녀는 자고 있어)
› 이 표현은 What is he[she] doing?(그(그녀)는 뭐 하고 있니?)에 대한 대답으로 써요.

B Choose & Write

다음 그림에 맞게 알맞은 단어를 골라 문장을 완성하세요.

[smiling | studying | sleeping | crying]

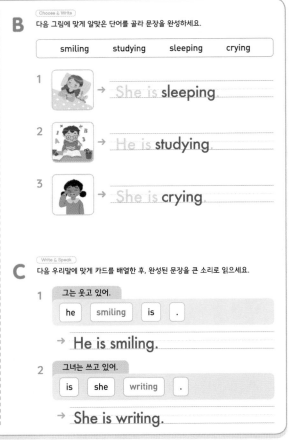

1 → She is **sleeping**.

2 → He is **studying**.

3 → She is **crying**.

C Write & Speak

다음 우리말에 맞게 카드를 배열한 후, 완성된 문장을 큰 소리로 읽으세요.

1 그는 웃고 있어.
[he | smiling | is | .]
→ He is smiling.

2 그녀는 쓰고 있어.
[is | she | writing | .]
→ She is writing.

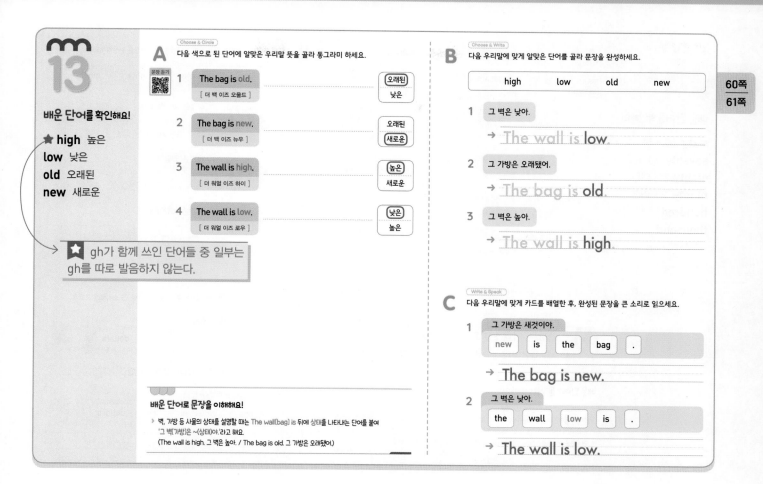

13

배운 단어를 확인해요!

★ **high** 높은
low 낮은
old 오래된
new 새로운

⭐ gh가 함께 쓰인 단어들 중 일부는 gh를 따로 발음하지 않는다.

A (Choose & Circle)
다음 색으로 된 단어에 알맞은 우리말 뜻을 골라 동그라미 하세요.

문장 듣기

1 The bag is old.
[더 백 이즈 오울드]
오래된 / 낮은

2 The bag is new.
[더 백 이즈 뉴우]
오래된 / 새로운

3 The wall is high.
[더 워얼 이즈 하이]
높은 / 새로운

4 The wall is low.
[더 워얼 이즈 로우]
낮은 / 높은

배운 단어로 문장을 이해해요!

› 벽, 가방 등 사물의 상태를 설명할 때는 The wall(bag) 뒤에 상태를 나타내는 단어를 붙여 '그 벽(가방)은 ~(상태)야.'라고 해요.
(The wall is high. 그 벽은 높아. / The bag is old. 그 가방은 오래됐어.)

B (Choose & Write)
다음 우리말에 맞게 알맞은 단어를 골라 문장을 완성하세요.

| high | low | old | new |

1 그 벽은 낮아.
→ The wall is low.

2 그 가방은 오래됐어.
→ The bag is old.

3 그 벽은 높아.
→ The wall is high.

C (Write & Speak)
다음 우리말에 맞게 카드를 배열한 후, 완성된 문장을 큰 소리로 읽으세요.

1 그 가방은 새것이야.
| new | is | the | bag | . |
→ The bag is new.

2 그 벽은 낮아.
| the | wall | low | is | . |
→ The wall is low.

60쪽 / 61쪽

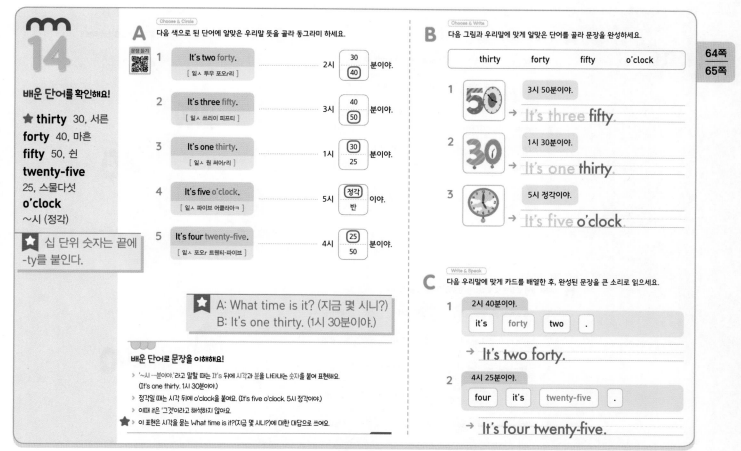

14

배운 단어를 확인해요!

★ **thirty** 30, 서른
forty 40, 마흔
fifty 50, 쉰
twenty-five 25, 스물다섯
o'clock ~시 (정각)

⭐ 십 단위 숫자는 끝에 -ty를 붙인다.

A (Choose & Circle)
다음 색으로 된 단어에 알맞은 우리말 뜻을 골라 동그라미 하세요.

문장 듣기

1 It's two forty.
[일ㅅ 투우 포오r리]
2시 30 / 40 분이야.

2 It's three fifty.
[일ㅅ 쓰리이 피프티]
3시 40 / 50 분이야.

3 It's one thirty.
[일ㅅ 원 써어r리]
1시 30 / 25 분이야.

4 It's five o'clock.
[일ㅅ 파이브 어클라아ㅋ]
5시 정각 / 반 이야.

5 It's four twenty-five.
[일ㅅ 포오r 트웬티-파이브]
4시 25 / 50 분이야.

⭐ A: What time is it? (지금 몇 시니?)
B: It's one thirty. (1시 30분이야.)

배운 단어로 문장을 이해해요!

› '~시 …분이야.'라고 말할 때는 It's 뒤에 시각과 분을 나타내는 숫자를 붙여 표현해요.
(It's one thirty. 1시 30분이야.)
› 정각일 때는 시각 뒤에 o'clock을 붙여요. (It's five o'clock. 5시 정각이야.)
› 이때 it은 '그것'이라고 해석하지 않아요.
★ 이 표현은 시각을 묻는 What time is it?(지금 몇 시니?)에 대한 대답으로 쓰여요.

B (Choose & Write)
다음 그림과 우리말에 맞게 알맞은 단어를 골라 문장을 완성하세요.

| thirty | forty | fifty | o'clock |

1 3시 50분이야.
→ It's three fifty.

2 1시 30분이야.
→ It's one thirty.

3 5시 정각이야.
→ It's five o'clock.

C (Write & Speak)
다음 우리말에 맞게 카드를 배열한 후, 완성된 문장을 큰 소리로 읽으세요.

1 2시 40분이야.
| it's | forty | two | . |
→ It's two forty.

2 4시 25분이야.
| four | it's | twenty-five | . |
→ It's four twenty-five.

64쪽 / 65쪽

117

15

배운 단어를 확인해요!

sixty 60, 예순
seventy 70, 일흔
eighty 80, 여든
ninety 90, 아흔
hundred 100, 백
thousand 1000, 천

A
(Choose & Circle)
다음 색으로 된 단어에 알맞은 우리말 뜻을 골라 동그라미 하세요.

[문장 듣기]

1 It's ninety dollars.
[잍ㅅ 나인티 달러ㄹ즈]
90 / 70

2 It's sixty dollars.
[잍ㅅ 씩스티 달러ㄹ즈]
60 / 80

3 It's seventy dollars.
[잍ㅅ 쎄븐티 달러ㄹ즈]
60 / **70**

4 It's eighty dollars.
[잍ㅅ 에이티 달러ㄹ즈]
80 / 90

5 It's one hundred dollars.
[잍ㅅ 원 헌드레드 달러ㄹ즈]
100 / 1000

6 It's one thousand dollars.
[잍ㅅ 원 싸우즌드 달러ㄹ즈]
100 / **1000**

★ dollar는 기호 $로 표기할 수 있다.
(sixty dollars → $60)

배운 단어로 문장을 이해해요!

★ dollar(달러)는 미국의 화폐 단위예요.
> 가격이 얼마인지 말할 때는 It's 뒤에 <숫자＋화폐 단위(dollar(s))>를 붙여 '그것은 ~(몇) 달러야.'라고 해요. (It's sixty dollars. 그것은 60달러야.)
> 이 표현은 가격을 묻는 How much is it?(그것은 얼마니?)에 대한 대답으로 쓰여요.

B
(Choose & Write)
다음 그림과 우리말에 맞게 알맞은 단어를 골라 문장을 완성하세요.

sixty	seventy	eighty	ninety

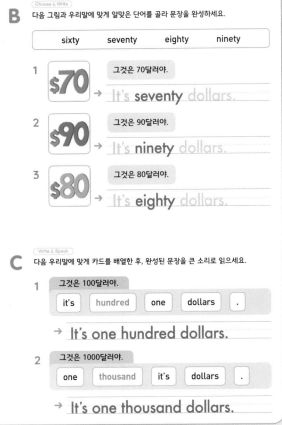

1 $70 그것은 70달러야. → It's **seventy** dollars.

2 $90 그것은 90달러야. → It's **ninety** dollars.

3 $80 그것은 80달러야. → It's **eighty** dollars.

C
(Write & Speak)
다음 우리말에 맞게 카드를 배열한 후, 완성된 문장을 큰 소리로 읽으세요.

1 그것은 100달러야.

| it's | hundred | one | dollars | . |

→ It's one hundred dollars.

2 그것은 1000달러야.

| one | thousand | it's | dollars | . |

→ It's one thousand dollars.

Review 11-15

A
우리말 뜻에 알맞은 단어를 찾아 쓰세요.

write	jeans	o'clock	hundred

gloves	study	new	eighty

1 새로운 **new**
2 공부하다 **study**
3 100, 백 **hundred**
4 청바지 **jeans**
5 쓰다 **write**
6 ~시 (정각) **o'clock**
7 80, 여든 **eighty**
8 장갑 **gloves**

B
다음 영어 문장에 맞게 빈칸에 알맞은 우리말 뜻을 쓰세요.

1 It's one thirty. → 1시 **30** 분이야.
2 It's sixty dollars. → 그것은 **60** 달러야.
3 The wall is high. → 그 벽은 **높아**.
4 She is sleeping. → 그녀는 **자고** 있어.
5 How much are the socks? → 그 **양말** 은 얼마니?

C
(Let's Play)
다음 그림에 맞게 알맞은 단어로 빈칸을 채워 퍼즐을 완성하세요.

$1000

c
r
f o r t y   40
t
h
l o w
u   n
s m i l e
a   e
n   n
o l d   e
t   y
$90

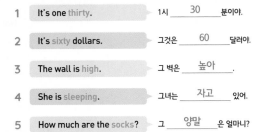

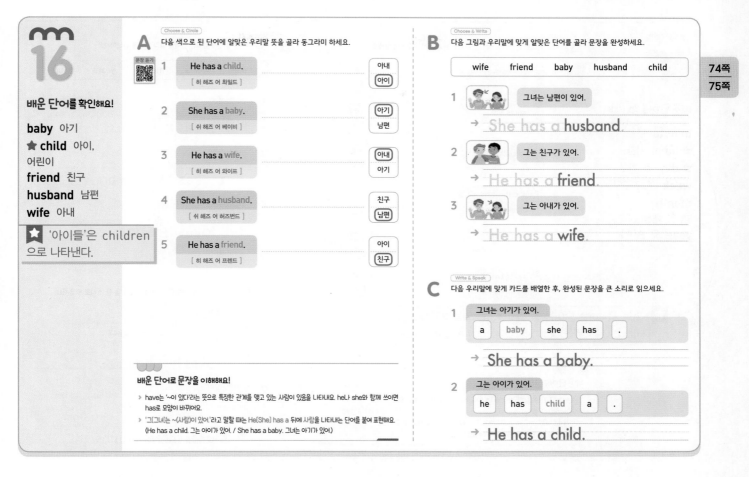

16

배운 단어를 확인해요!

baby 아기
★ child 아이, 어린이
friend 친구
husband 남편
wife 아내

★ '아이들'은 children 으로 나타낸다.

A Choose & Circle
다음 색으로 된 단어에 알맞은 우리말 뜻을 골라 동그라미 하세요.

문장 듣기

1 He has a child.
[히 해즈 어 촤일드]
아내 / **아이**

2 She has a baby.
[쉬 해즈 어 베이비]
아기 / 남편

3 He has a wife.
[히 해즈 어 와이프]
아내 / 아기

4 She has a husband.
[쉬 해즈 어 허즈번드]
친구 / **남편**

5 He has a friend.
[히 해즈 어 프렌드]
아이 / **친구**

배운 단어로 문장을 이해해요!
› have는 '~이 있다'라는 뜻으로 특정한 관계를 맺고 있는 사람이 있음을 나타내요. he나 she와 함께 쓰이면 has로 모양이 바뀌어요.
› '그[그녀]는 ~(사람)이 있어.'라고 말할 때는 He[She] has 뒤에 사람을 나타내는 단어를 붙여 표현해요.
(He has a child. 그는 아이가 있어. / She has a baby. 그녀는 아기가 있어.)

B Choose & Write
다음 그림과 우리말에 맞게 알맞은 단어를 골라 문장을 완성하세요.

| wife | friend | baby | husband | child |

1 그녀는 남편이 있어.
→ She has a **husband**.

2 그는 친구가 있어.
→ He has a **friend**.

3 그는 아내가 있어.
→ He has a **wife**.

C Write & Speak
다음 우리말에 맞게 카드를 배열한 후, 완성된 문장을 큰 소리로 읽으세요.

1 그녀는 아기가 있어.
[a] [baby] [she] [has] [.]
→ She has a baby.

2 그는 아이가 있어.
[he] [has] [child] [a] [.]
→ He has a child.

74쪽
75쪽

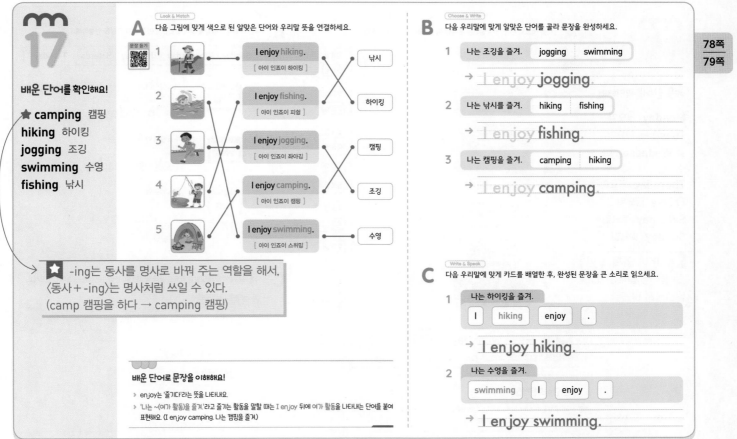

17

배운 단어를 확인해요!

★ camping 캠핑
hiking 하이킹
jogging 조깅
swimming 수영
fishing 낚시

★ -ing는 동사를 명사로 바꿔 주는 역할을 해서, 〈동사+-ing〉는 명사처럼 쓰일 수 있다.
(camp 캠핑을 하다 → camping 캠핑)

A Look & Match
다음 그림에 맞게 색으로 된 알맞은 단어와 우리말 뜻을 연결하세요.

문장 듣기

1 I enjoy hiking.
[아이 인조이 하이킹]   낚시

2 I enjoy fishing.
[아이 인조이 피슁]   하이킹

3 I enjoy jogging.
[아이 인조이 좌아깅]   캠핑

4 I enjoy camping.
[아이 인조이 캠핑]   조깅

5 I enjoy swimming.
[아이 인조이 스위밍]   수영

배운 단어로 문장을 이해해요!
› enjoy는 '즐기다'라는 뜻을 나타내요.
› '나는 ~(여가 활동)을 즐겨.'라고 즐기는 활동을 말할 때는 I enjoy 뒤에 여가 활동을 나타내는 단어를 붙여 표현해요. (I enjoy camping. 나는 캠핑을 즐겨.)

B Choose & Write
다음 우리말에 맞게 알맞은 단어를 골라 문장을 완성하세요.

1 나는 조깅을 즐겨. [jogging] [swimming]
→ I enjoy **jogging**.

2 나는 낚시를 즐겨. [hiking] [fishing]
→ I enjoy **fishing**.

3 나는 캠핑을 즐겨. [camping] [hiking]
→ I enjoy **camping**.

C Write & Speak
다음 우리말에 맞게 카드를 배열한 후, 완성된 문장을 큰 소리로 읽으세요.

1 나는 하이킹을 즐겨.
[I] [hiking] [enjoy] [.]
→ I enjoy hiking.

2 나는 수영을 즐겨.
[swimming] [I] [enjoy] [.]
→ I enjoy swimming.

78쪽
79쪽

82쪽 / 83쪽

18

배운 단어를 확인해요!

minute 분
★ hour 시간
★ day 일, 하루
week 주, 일주일
month 달, 월, 개월
year 해, 년(年)

★ • h로 시작하는 단어들 중 일부는 h를 발음하지 않는다.
• day는 '낮'이라는 뜻도 나타낸다. (day and night 낮과 밤)

A (Choose & Circle) 다음 색으로 된 단어에 알맞은 우리말 뜻을 골라 동그라미 하세요.

1 It takes two days.
[잍 테이크ㅅ 투우 데이즈]
2 (분 / 일) 걸려.

2 It takes two weeks.
[잍 테이크ㅅ 투우 위잌ㅅ]
2 (주 / 년) 걸려.

3 It takes three years.
[잍 테이크ㅅ 쓰리이 이어rㅈ]
3 (개월 / 년) 걸려.

4 It takes three minutes.
[잍 테이크ㅅ 쓰리이 미니츠]
3 (시간 / 분) 걸려.

5 It takes three months.
[잍 테이크ㅅ 쓰리이 먼쓰]
3 (개월 / 주) 걸려.

6 It takes two hours.
[잍 테이크ㅅ 투우 아워rㅈ]
2 (일 / 시간) 걸려.

배운 단어로 문장을 이해해요!

› take는 '(시간이) 걸리다'라는 뜻을 나타내요. it과 함께 쓰이면 takes가 돼요.
› 시간이 얼마나 걸리는지 말할 때는 <It takes + 숫자 + 시간 단위>로 '~(시간) 걸려.'라고 표현해요. 이때 it은 '그것이'라고 해석하지 않아요. (It takes three minutes. 3분 걸려.)
› two(둘) 이상은 단어 끝에 -s를 붙여 복수형으로 써요.

B (Choose & Write) 다음 우리말에 맞게 알맞은 단어를 골라 문장을 완성하세요.

| days | weeks | months | years | hours |

1 2주 걸려.
→ It takes two **weeks**.

2 3년 걸려.
→ It takes three **years**.

3 2일 걸려.
→ It takes two **days**.

C (Write & Speak) 다음 우리말에 맞게 카드를 배열한 후, 완성된 문장을 큰 소리로 읽으세요.

1 2시간 걸려.
| it | two | hours | takes | . |
→ It takes two hours.

2 3개월 걸려.
| takes | it | three | months | . |
→ It takes three months.

86쪽 / 87쪽

19

배운 단어를 확인해요!

Monday 월요일
Tuesday 화요일
★ Wednesday 수요일
Thursday 목요일
Friday 금요일
Saturday 토요일
Sunday 일요일

★ dn이 함께 쓰인 단어들 중 일부는 d를 발음하지 않는다.

A (Choose & Circle) 다음 색으로 된 단어에 알맞은 우리말 뜻을 골라 동그라미 하세요.

1 It's Monday.
[잍ㅅ 먼데이]
(일요일 / 월요일)

2 It's Friday.
[잍ㅅ 프라이데이]
(토요일 / 금요일)

3 It's Sunday.
[잍ㅅ 썬데이]
(일요일 / 목요일)

4 It's Tuesday.
[잍ㅅ 튜즈데이]
(화요일 / 월요일)

5 It's Thursday.
[잍ㅅ 써rㅈ데이]
(수요일 / 목요일)

6 It's Saturday.
[잍ㅅ 쌔러r데이]
(토요일 / 금요일)

7 It's Wednesday.
[잍ㅅ 웬즈데이]
(화요일 / 수요일)

★ 이 표현은 What day is it?(무슨 요일이니?)에 대한 대답으로 쓰인다.

배운 단어로 문장을 이해해요!

★ › 요일을 말할 때는 It's 뒤에 요일을 나타내는 단어를 붙여 '~(요일)이야.'라고 해요. (It's Monday. 월요일이야.)
› 이때 it은 '그것이'라고 해석하지 않아요.

B (Choose & Write) 다음 그림과 우리말에 맞게 알맞은 단어를 골라 문장을 완성하세요.

| Sunday | Wednesday | Thursday | Saturday | Tuesday |

1 **Thu** 목요일이야.
→ It's Thursday.

2 **Wed** 수요일이야.
→ It's Wednesday.

3 **Sat** 토요일이야.
→ It's Saturday.

C (Write & Speak) 다음 우리말에 맞게 알맞은 카드를 골라 배열한 후, 완성된 문장을 큰 소리로 읽으세요.

1 금요일이야.
| Friday | Tuesday | it's | . |
→ It's Friday.

2 일요일이야.
| Monday | it's | Sunday | . |
→ It's Sunday.

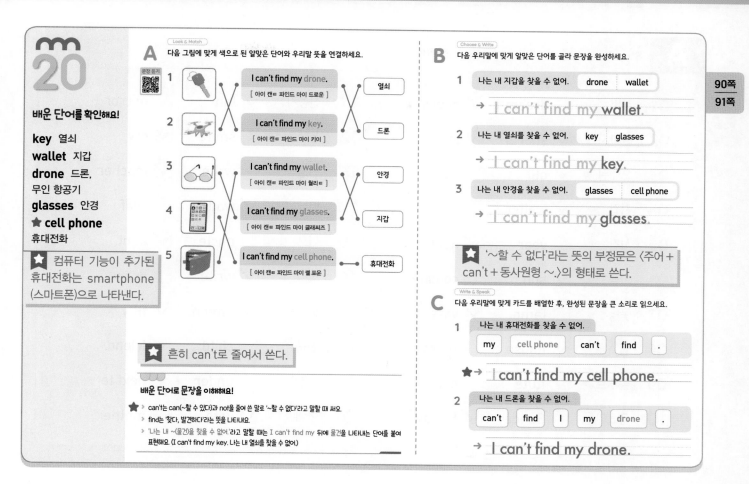

20

배운 단어를 확인해요!

key 열쇠
wallet 지갑
drone 드론,
무인 항공기
glasses 안경
★ **cell phone**
휴대전화

★ 컴퓨터 기능이 추가된 휴대전화는 smartphone (스마트폰)으로 나타낸다.

★ 흔히 can't로 줄여서 쓴다.

배운 단어로 문장을 이해해요!

★ › can't는 can(~할 수 있다)과 not을 줄여 쓴 말로 '~할 수 없다'라고 말할 때 써요.
› find는 '찾다, 발견하다'라는 뜻을 나타내요.
› '나는 내 ~(물건)을 찾을 수 없어.'라고 말할 때는 I can't find my 뒤에 물건을 나타내는 단어를 붙여 표현해요. (I can't find my key. 나는 내 열쇠를 찾을 수 없어.)

A Look & Match

다음 그림에 맞게 색으로 된 알맞은 단어와 우리말 뜻을 연결하세요.

1. I can't find my drone. [아이 캔트 파인드 마이 드로운] — 열쇠
2. I can't find my key. [아이 캔트 파인드 마이 키이] — 드론
3. I can't find my wallet. [아이 캔트 파인드 마이 월리트] — 안경
4. I can't find my glasses. [아이 캔트 파인드 마이 글래씨즈] — 지갑
5. I can't find my cell phone. [아이 캔트 파인드 마이 쎌 포운] — 휴대전화

B Choose & Write

다음 우리말에 맞게 알맞은 단어를 골라 문장을 완성하세요.

1. 나는 내 지갑을 찾을 수 없어. [drone | wallet]
→ I can't find my **wallet**.

2. 나는 내 열쇠를 찾을 수 없어. [key | glasses]
→ I can't find my **key**.

3. 나는 내 안경을 찾을 수 없어. [glasses | cell phone]
→ I can't find my **glasses**.

★ '~할 수 없다'라는 뜻의 부정문은 〈주어 + can't + 동사원형 ~.〉의 형태로 쓴다.

C Write & Speak

다음 우리말에 맞게 카드를 배열한 후, 완성된 문장을 큰 소리로 읽으세요.

1. 나는 내 휴대전화를 찾을 수 없어.
[my | cell phone | can't | find | .]
★→ I can't find my cell phone.

2. 나는 내 드론을 찾을 수 없어.
[can't | find | I | my | drone | .]
→ I can't find my drone.

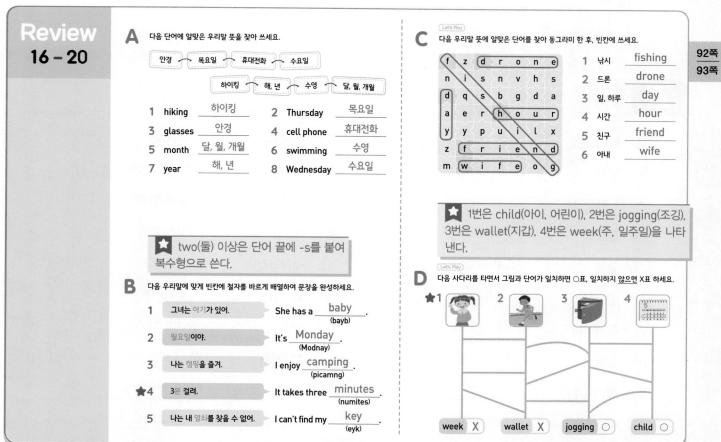

Review
16 – 20

A
다음 단어에 알맞은 우리말 뜻을 찾아 쓰세요.

[안경 | 목요일 | 휴대전화 | 수요일]
[하이킹 | 해, 년 | 수영 | 달, 월, 개월]

1. hiking — 하이킹
2. Thursday — 목요일
3. glasses — 안경
4. cell phone — 휴대전화
5. month — 달, 월, 개월
6. swimming — 수영
7. year — 해, 년
8. Wednesday — 수요일

★ two(둘) 이상은 단어 끝에 -s를 붙여 복수형으로 쓴다.

B
다음 우리말에 맞게 빈칸에 철자를 바르게 배열하여 문장을 완성하세요.

1. 그녀는 아기가 있어. She has a **baby**. (bayb)
2. 월요일이야. It's **Monday**. (Modnay)
3. 나는 캠핑을 즐겨. I enjoy **camping**. (picamng)
★4. 3분 걸려. It takes three **minutes**. (numites)
5. 나는 내 열쇠를 찾을 수 없어. I can't find my **key**. (eyk)

C Let's Play
다음 우리말 뜻에 알맞은 단어를 찾아 동그라미 한 후, 빈칸에 쓰세요.

f	z	d	r	o	n	e
n	i	s	n	v	h	s
d	q	s	b	g	d	a
a	e	r	h	o	u	r
y	y	p	u	i	l	x
z	f	r	i	e	n	d
m	w	i	f	e	o	g

1. 낚시 — fishing
2. 드론 — drone
3. 일, 하루 — day
4. 시간 — hour
5. 친구 — friend
6. 아내 — wife

★ 1번은 child(아이, 어린이), 2번은 jogging(조깅), 3번은 wallet(지갑), 4번은 week(주, 일주일)을 나타낸다.

D Let's Play
다음 사다리를 타면서 그림과 단어가 일치하면 ○표, 일치하지 않으면 X표 하세요.

★1 2 3 4

week X
wallet X
jogging ○
child ○

실력 Test

A Step 1

01 취미	☐ dream	☑ hobby		
02 반바지	☑ shorts	☐ jeans		
03 오래된	☑ old	☐ new		
04 지갑	☑ wallet	☐ key		
05 시간	☐ year	☑ hour		
06 아들	☑ son	☐ cousin		
07 꽃병	☐ lamp	☑ vase		
08 집	☑ house	☐ room		
09 플루트	☑ flute	☐ cello		
10 금요일	☐ Sunday	☑ Friday		

11 선풍기	☑ fan	☐ mirror
12 울다	☐ smile	☑ cry
13 선생님	☐ writer	☑ teacher
14 벽	☑ wall	☐ roof
15 이모	☐ uncle	☑ aunt
16 쓰다	☑ write	☐ draw
17 50, 쉰	☐ fifteen	☑ fifty
18 친구	☐ child	☑ friend
19 ~ 옆에	☐ under	☑ next to
20 아내	☑ wife	☐ mother

A Step 2

21 바이올린	violin		31 공부하다	study
22 낚시	fishing		32 우체국	post office
23 ~ 아래에	under		33 딸	daughter
24 목요일	Thursday		34 화요일	Tuesday
25 교실	classroom		35 ~시 (정각)	o'clock
26 일, 하루	day		36 90, 아흔	ninety
27 디자이너	designer		37 수영	swimming
28 경찰서	police station		38 휴대전화	cell phone
29 해, 년(年)	year		39 수요일	Wednesday
30 80, 여든	eighty		40 100, 백	hundred

B Step 1

01	low	☐ 오래된	☑ 낮은		11	number	☑ 번호	☐ 이름	
02	church	☐ 병원	☑ 교회		12	model	☐ 작가	☑ 모델	
03	in	☑ ~ 안에	☐ ~ 옆에		13	locker	☑ 사물함	☐ 교실	
04	husband	☐ 삼촌	☑ 남편		14	spider	☐ 개미	☑ 거미	
05	student	☑ 학생	☐ 선생님		15	bakery	☑ 제과점	☐ 도서관	
06	address	☐ 안경	☑ 주소		16	gloves	☑ 장갑	☐ 양말	
07	cello	☐ 기타	☑ 첼로		17	room	☑ 방	☐ 바닥	
08	mirror	☑ 거울	☐ 그림		18	bee	☐ 나비	☑ 벌	
09	actor	☑ 배우	☐ 모델		19	new	☑ 새로운	☐ 높은	
10	cousin	☐ 어린이	☑ 사촌		20	Sunday	☐ 월요일	☑ 일요일	

95쪽

B Step 2

21	dream	꿈		32	jeans	청바지
22	lamp	램프, 등		33	seventy	70, 일흔
23	mittens	벙어리장갑		34	week	주, 일주일
24	forty	40, 마흔		35	hiking	하이킹
25	child	아이, 어린이		36	glasses	안경
26	month	달, 월, 개월		37	smile	웃다, 미소 짓다
27	jogging	조깅		38	Saturday	토요일
28	guitar	기타		39	butterfly	나비
29	writer	작가		40	drone	드론, 무인 항공기
30	floor	바닥		41	twenty-five	25, 스물다섯
31	thousand	1000, 천		42	bug	벌레, 작은 곤충

95쪽

96쪽

01 이것은 칠판이야. This is a ___blackboard___ .

02 1시 30분이야. It's one ___thirty___ .

03 월요일이야. It's ___Monday___ .

04 그녀는 아기가 있어. She has a ___baby___ .

05 그것은 지붕이야. It's a ___roof___ .

06 그는 과학자야. He is a ___scientist___ .

07 그것은 책상 위에 있어. It's ___on___ the desk.

08 그 벽은 높아. The wall is ___high___ .

09 나는 내 열쇠를 찾을 수 없어. I can't find my ___key___ .

★10 그 양말은 얼마니? How much are the ___socks___ ?

★ 양말은 두 개가 짝을 이루므로 단어 끝에 -s를 붙여 복수형으로 쓴다.

96쪽

11 What is your name? 네 ___이름___ 이 뭐니?

12 Where is the library? ___도서관___ 은 어디에 있니?

13 It's sixty dollars. 그것은 ___60___ 달러야.

14 There is a picture. ___그림___ 이 있어.

15 She is sleeping. 그녀는 ___자고___ 있어.

16 I enjoy camping. 나는 ___캠핑___ 을 즐겨.

17 He is my uncle. 그는 나의 ___삼촌___ 이야.

18 It takes three minutes. 3___분___ 걸려.

19 I don't like ants. 나는 ___개미___ 를 좋아하지 않아.

20 Can you play the piano? 너는 ___피아노___ 를 칠 수 있니?

완자

공부력

빠른 정답

초등 영어 영단어 **4B**

빠른 정답을 펼쳐 놓고,
정답을 확인하면 편리합니다.

정답
QR 코드

01

8쪽 **A** 1 취미 2 이름 3 주소 4 꿈 5 번호

9쪽 **B** 1 dream 2 hobby 3 name **C** 1 What is your address? 2 What is your phone number?

02

12쪽 **A** 1 – There is a fan. – 선풍기 2 – There is a mirror. – 거울 3 – There is a vase. – 꽃병
4 – There is a picture. – 그림 5 – There is a lamp. – 램프

13쪽 **B** 1 vase 2 mirror 3 picture **C** 1 There is a fan. 2 There is a lamp.

03

16쪽 **A** 1 집 2 방 3 벽 4 바닥 5 지붕

17쪽 **B** 1 roof 2 wall 3 house **C** 1 It's a room. 2 It's a floor.

04

20쪽 **A** 1 – This is a blackboard. – 칠판 2 – This is a student. – 학생 3 – This is a locker. – 사물함
4 – This is a teacher. – 선생님 5 – This is a classroom. – 교실

21쪽 **B** 1 classroom 2 student 3 locker **C** 1 This is a blackboard. 2 This is a teacher.

05

24쪽 **A** 1 사촌 2 이모 3 삼촌 4 딸 5 아들

25쪽 **B** 1 uncle 2 aunt 3 cousin **C** 1 He is my son. 2 She is my daughter.

R 01-05

26쪽 **A** 1 hobby 2 aunt 3 floor 4 cousin 5 vase 6 dream 7 locker 8 daughter
B 1 ○ 2 ○ 3 ○ 4 × 5 ×

27쪽 **C** 1 (c)lassroom 2 (m)irror 3 (fa)n 4 (a)ddress 5 (w)all 6 (t)eac(h)er 7 (h)ouse

06

30쪽 **A** 1 제과점 2 도서관 3 교회 4 우체국 5 경찰서

31쪽 **B** 1 church 2 library 3 bakery **C** 1 Where is the post office? 2 Where is the police station?

07

34쪽 **A** 1 – It's under the desk. – ~ 아래에 2 – It's next to the bag. – ~ 옆에 3 – It's on the desk. – ~ 위에
4 – It's in the bag. – ~ 안에

35쪽 **B** 1 under 2 in 3 on **C** 1 It's next to the bag. 2 It's on the desk.

08

38쪽 **A** 1 개미 2 벌 3 거미 4 벌레 5 나비

39쪽 **B** 1 spiders 2 ants 3 bees **C** 1 I don't like bugs. 2 I don't like butterflies.

09

42쪽 **A** 1 – She is a writer. – 작가 2 – He is a model. – 모델 3 – She is a designer. – 디자이너
4 – He is an actor. – 배우 5 – He is a scientist. – 과학자

43쪽 **B** 1 scientist 2 writer 3 model **C** 1 He is an actor. 2 She is a designer.

10

46쪽 **A** 1 기타 2 피아노 3 플루트 4 바이올린 5 첼로

47쪽 **B** 1 violin 2 piano 3 guitar **C** 1 play the flute? 2 Can you play the cello?

R 06-10

48쪽 **A** 1 벌 2 ~ 옆에 3 교회 4 ~ 아래에 5 바이올린 6 디자이너 7 플루트 8 우체국
B 1 scientist 2 ants 3 library 4 on 5 piano

49쪽 **C** 1 spider 2 writer 3 cello 4 actor 5 bug 6 in
D 1 – bakery(×) 2 – butterfly(○) 3 – guitar(×) 4 – model(○)

11

52쪽 **A** 1 – How much are the gloves? – 장갑 2 – How much are the jeans? – 청바지
3 – How much are the socks? – 양말 4 – How much are the mittens? – 벙어리장갑
5 – How much are the shorts? – 반바지

53쪽 **B** 1 shorts 2 socks 3 gloves **C** 1 are the mittens? 2 How much are the jeans?

12

56쪽 **A** 1 울고 2 웃고 3 쓰고 4 공부하고 5 자고

57쪽 **B** 1 sleeping 2 studying 3 crying **C** 1 He is smiling. 2 She is writing.